欠陥住宅被害・対応マニュアル

矢野輝雄・宮武正基 著

緑風出版

はじめに

欠陥住宅被害・対応マニュアル

　欠陥住宅の典型例に新築住宅なのに雨漏りがするという被害が多いのですが、雨漏りの現象自体は誰でも容易に発見できるものの、その原因となると数年もかけて調査をしても発見できない場合が多いのです。欠陥住宅被害の特徴は、住宅その他の財産の被害だけにとどまらず、欠陥住宅に住んでいる人が深刻な精神的被害をこうむる点にあります。例えば、雨漏りの修繕に数年をかけても原因が分からず、修繕工事のために住宅内は検査の穴だらけになり、室内は極端に湿度の高い状態が続き、修繕が完了するまで、住宅内は片づかないという状態が続くのです。このような欠陥住宅を購入した人やその家族は、自分の住宅の損耗劣化や湿気による健康被害に対する不安感を持ち続け、さらには日常の家庭生活の破壊につながることもあるのです。

　欠陥住宅についての雨漏り、漏水、床の傾き、壁のひび割れなどの欠陥状況については誰でも目で見て分かりますから、欠陥住宅の売主や請負業者に対して欠陥の補修を申し出ることになりますが、欠陥住宅を売ったり建てたりするような業者は、補修の申し出に対しても誠実に対応しない場合が多いのです。そのような業者と直接の話し合いをしても、相手の業者は建築の専門家であるのに対して、買主や発注者は一般に素人ですから、相手方の屁理屈に言い負かされて解決が極めて困難になります。

　欠陥住宅の売主や請負業者は、基本構造部分の欠陥のような明白な欠陥でさえ認めようとはせず、話し合いに応じようとはしませんが、それは、建て直しをするより多額の費用がかかる場合が多いからです。話し合いにより解決する方法を示談といいますが、示談をする相手方は建築の専門家ですから、示談によって思いどおりに解決することはないと考えておく必要があります。建築関

係の訴訟には時間はかかりますが、訴訟では必ず解決します。しかし、示談は終わるかどうかも分からないのです。

　本書では、建築の素人である買主や発注者が、欠陥住宅を売ったり建てたりした業者に対抗する知識とノウハウをＱ＆Ａの形式で分かりやすく述べることとしました。欠陥住宅の「欠陥原因」についても、なるべく建築専門用語を使用せずに、やさしく解説をしました。本書が欠陥住宅被害の解決に役立つものと信じています。

　　　2004年8月

　　　　　　　　　　　　　　　　　　　　　　　　　　　　　著　者

第1章
欠陥住宅被害には、どのように対応するのですか
9

- **Q 1** 欠陥住宅の「欠陥」とは、どのような場合をいうのですか……11
- **Q 2** 欠陥住宅被害に対応するには、どのような手順で対応するのですか……17
- **Q 3** 建築士へ依頼する「建物調査報告書」とは、どのようなものですか……32
- **Q 4** 欠陥住宅の現状は、どのようになっているのですか……36
- **Q 5** 請負契約による欠陥住宅（注文住宅）の責任追及は、どうするのですか……38
- **Q 6** 売買契約による欠陥住宅（建売住宅）の責任追及は、どうするのですか……45
- **Q 7** 債務不履行責任と不法行為責任とは、どう違うのですか……50
- **Q 8** 欠陥による損害賠償請求のできる範囲は、どうなりますか……55
- **Q 9** 民事訴訟を提起する場合は、どんな準備が必要ですか……60
- **Q10** 訴訟費用と弁護士費用は、どのくらいかかりますか……71
- **Q11** 民事訴訟以外の解決方法には、どんなものがありますか……75

第2章
欠陥住宅の主な「欠陥原因」には、どんなものがありますか
79

- **Q12** 雨漏りの原因には、どのようなことが考えられますか……81
- **Q13** 設備からの漏水の原因には、どのようなことが考えられま

すか 88
- **Q14** 床の傾きの原因には、どのようなことが考えられますか 89
- **Q15** 建物がゆれる原因には、どのようなことが考えられますか .. 91
- **Q16** 壁のひび割れの原因には、どのようなことが考えられますか 92
- **Q17** 結露のできる原因には、どのようなことが考えられますか .. 95
- **Q18** カビが多い原因には、どのようなことが考えられますか 97
- **Q19** シックハウス症候群といわれる原因には、どのようなことが考えられますか 98
- **Q20** 騒音対策は、どのようにするのですか 100
- **Q21** その他の「欠陥原因」には、どんなことがあります 102

第3章
民事訴訟の手続は、どのようにするのですか
105

- **Q22** 民事訴訟の仕組みは、どのようになっているのですか .. 107
- **Q23** 訴えの提起は、どのようにするのですか 110
- **Q24** 口頭弁論期日の審理は、どのように進められるのですか 122
- **Q25** 証拠調べは、どのようにするのですか 130
- **Q26** 判決とは、どんなものですか 137
- **Q27** 上訴（控訴、上告、抗告）の手続は、どのようにするのですか 139

第4章
欠陥住宅に関連する主な法令の規定は、どうなっているのですか
143

- **Q28** 欠陥住宅に関して民法の規定は、どうなっているのですか 145

Q29 住宅の品質確保の促進等に関する法律は、どうなっている
のですか ………………………………………………………………153
Q30 欠陥住宅に関して建築基準法関係法令の規定は、どうな
っているのですか ……………………………………………………156
Q31 欠陥住宅に関して建築基準法令による主な告示は、どうな
っているのですか ……………………………………………………159
Q32 欠陥住宅に関して建築士法の規定は、どうなっているので
すか ……………………………………………………………………161
Q33 欠陥住宅に関して建設業法の規定は、どうなっているので
すか ……………………………………………………………………163
Q34 欠陥住宅に関して製造物責任法の規定は、どうなっている
のですか ………………………………………………………………165

付　録

付録1 勾配屋根の断面図 …………………………………………………168
付録2 陸屋根の断面図（マンション）…………………………………169
付録3 止水シール（シーリング材）……………………………………170
付録4 クラック（ひび割れ）の測定スケール …………………………172

第1章●
欠陥住宅被害には、どのように対応するのですか

Q1 欠陥住宅の「欠陥」とは、どのような場合をいうのですか

1 欠陥住宅の「欠陥」とは

　欠陥住宅の「欠陥」の典型例には、新築住宅なのに雨漏りがする、床が傾いている、壁にひび割れがある、漏水が続いている、建物がゆれる、地盤が沈下している、などがありますが、これらの欠陥は誰でも目で見てわかる欠陥現象です。しかし、欠陥現象を除去するためには「欠陥の原因」を見つけ出す必要がありますが、例えば、新築住宅に見られる雨漏りの「欠陥の原因」を見つけ出すことは困難な場合が多いのです。新築住宅の雨漏りといっても、床に雨がポタポタ落ちるような場合は少なく、天井や壁面その他の場所に雨がしみ通って建物の基本構造部分を損傷する場合が多いのです。新築住宅なのに雨漏りがするような手抜き工事をしている場合は、他の部分にも多くの欠陥箇所が認められるのが通常です。

　欠陥住宅の「欠陥」とは、①注文住宅の場合の請負契約や②建売住宅の場合の売買契約に適合していないことをいいます。つまり、欠陥住宅の欠陥（法律用語では瑕疵といいます）とは、一言で言うと、その住宅が契約に適合していないことをいいます。この場合の①請負契約や②売買契約について民法は次のように規定しています。

(1) 請負契約とは、当事者の一方（請負人）が、ある仕事（注文住宅）を完成することを約束し、相手方（注文者）がその仕事の結果に対して報酬を支払うことを約束する契約をいいます（民法632条）。

(2) 売買契約とは、当事者の一方（売主）が、ある財産権（住宅所有権）を相手方（買主）に移転することを約束し、相手方（買主）がその代金を支払うことを約束する契約をいいます（民法555条）。

2 欠陥から生ずる責任

　欠陥住宅の「欠陥」とは、請負契約による注文住宅や売買契約による建売住宅の瑕疵をいいますが、瑕疵とは、一般にその種類のものとして通常有する品質や性能を欠いていることをいいます。

(1) 請負人の担保責任（瑕疵から生ずる責任）について、民法では次のように定められています。

① 仕事の目的物（注文住宅）に瑕疵があるときは、注文者は、請負人に対して相当の期限を定めて瑕疵の修補（修繕）を請求することができます。しかし、その瑕疵が重要でない場合に修繕に過分の（不相応な）費用を要するときは修繕を請求することができないとされています（民法634条1項）。「過分の費用」かどうかは、修繕に必要とする費用と修繕によって生ずる利益とを比較して定めることになります。重要な瑕疵の場合は過分の費用を要しても修繕の請求をすることができます。

② 注文者は、瑕疵の修繕に代えて損害賠償の請求をすることができますが、瑕疵の修繕とあわせて損害賠償の請求をすることもできます（民法634条2項）。

③ 仕事の目的物（注文住宅）に瑕疵があって、そのために請負契約をした目的が達せられない場合は、注文者は、請負契約を解除することができます。ただし、建物その他の土地の工作物（ブロック塀など）については解除はできません（民法635条）。建物取壊しによる社会的損失を考慮して明治時代に規定されたものですが、重大な欠陥のある住宅に住むことはできませんから、近年の裁判例では、取壊し建て替え費用相当額の損害賠償が認められる場合も増えています。

④ 瑕疵の修繕請求・損害賠償請求・契約の解除は、建物などを除いて、仕事の目的物を引き渡した時から1年内に行うことが必要です（民法637条1項）。注文住宅のような土地の工作物の請負人は、その工作物（注文住宅）または地盤の瑕疵については引き渡しの後5年間は担保責任（瑕疵から生ずる責任）を負います。石造り、土造り、煉瓦造り、金属造りの工作物については10年間は担保責任を負います（民法638条）。

> 請負人の担保責任の要点
> ① 注文者の瑕疵修補（修繕）請求権（民法634条1項）
> ② 注文者の損害賠償請求権（民法634条2項）
> ③ 注文者の請負契約解除権（民法635条）

なお、「住宅の品質確保の促進等に関する法律」によって平成12年4月1日以降の請負契約による注文住宅の場合は、住宅の「構造耐力上主要な部分または雨水の浸入を防止する部分」の瑕疵については、注文者に引き渡した時から10年間、請負人は瑕疵担保責任を負うこととされています。これに反する特約で注文者に不利なものは無効とされています。この法律は、民法より優先して適用されます（第4章Q29参照）。

(2)　売主の瑕疵担保責任（瑕疵から生ずる責任）について、民法では次のように定められています。
　①　売買の目的物（建売住宅）に「隠れた瑕疵」があったときは、買主は、損害賠償請求をしたり売買契約を解除したりすることができますが、売買契約の解除は隠れた瑕疵があるために売買契約の目的を達することができない場合に限られます。損害賠償請求権や売買契約の解除権は、瑕疵の存在を知った時から1年以内に行使する必要があります。「隠れた瑕疵」とは、一般の買主として通常要求される注意を用いても発見することのできないような瑕疵（欠陥）をいいます。買主が売買契約締結の時に瑕疵を知らなかったことが必要であり、さらに知らないことに過失のないことも必要です。
　②　売買の目的物（建売住宅）に「隠れた瑕疵」があったときは、売主は瑕疵担保責任（瑕疵による責任）を負いますが、瑕疵担保責任の内容は、次のようになっています。
　　(a)　瑕疵があるために売買契約をした目的を達することができない場合に限り、契約を解除することができます（民法570条による民法566条の準用）。
　　(b)　(a)以外の場合には、損害賠償請求だけができます。
　　(c)　契約の解除や損害賠償請求は、買主が、瑕疵の存在を知った時から1年以内に行使する必要があります。1年の期間は除斥期間（時効期間ではなく権利の存続期間）とされています。
　　(d)　代金減額請求権については規定がありません。
　　(e)　瑕疵修補（修繕）請求権や完全履行請求権についても規定がありません。

> 売主の瑕疵担保責任の要点
> ① 買主の契約の目的の達成不能の場合の契約解除権（民法570条）
> ② 買主の損害賠償請求権（民法570条）
> ③ 買主の1年以内の権利行使（民法570条）

　なお、「住宅の品質確保の促進等に関する法律」によって平成12年4月1日以降の売買契約による建売住宅の場合は、住宅の「構造耐力上主要な部分または雨水の浸入を防止する部分」の瑕疵については、買主に引き渡した時から10年間、売主は瑕疵担保責任を負うこととされています。この場合の瑕疵担保責任には、請負契約の場合と同様の瑕疵修補（修繕）請求権や損害賠償請求権も含まれています。これに反する特約で買主に不利なものは無効とされています。この法律は、民法より優先して適用されます（第4章Q29）。

3　欠陥の判断基準は？

　欠陥住宅の欠陥（瑕疵）とは、その住宅が①注文住宅の場合の請負契約や②建売住宅の場合の売買契約に適合していないことをいいますから、欠陥の判断基準は、結局、それらの請負契約または売買契約の内容に従うことになります。しかし、実際の請負契約書や売買契約書にあらゆる事項を契約しているわけではありませんから、契約内容を補充する「欠陥（瑕疵）の判断基準」が必要になります。この場合の欠陥（瑕疵）とは、雨漏り、ひび割れ、床の傾斜、漏水、地盤沈下などの欠陥現象をいうのではなく、それらの欠陥現象の原因をいいますが、その原因が契約や法律に規定する瑕疵に該当するのかどうかの判断基準に従って瑕疵に該当するかどうかが判断されます。瑕疵かどうかの判断は、最終的には裁判所で判断されることになります。従って、結局、瑕疵（欠陥）とは、技術的判断ではなく法律的判断を意味することになります。

　請負人に対して、注文者が瑕疵修補（修繕）請求権に基づいて修繕工事を求めても、請負人が修繕工事をしない場合には、結局、裁判上の手続によって損害賠償請求をするしかありません。売買契約の売主に対して修繕の請求をする場合も同じです。どの場合でも、相手方が行為をしない場合には、最終的には裁判所の手続（民事訴訟手続）によって損害賠償請求をするしかないのです。従って、裁判所の認める瑕疵の判断基準が重要になるのです。

　欠陥（瑕疵）の判断基準としては、次のように契約書や仕様書の契約内容が

最も重要になりますが、その他にも、裁判例では、次のような欠陥（瑕疵）の判断基準が認められています。
(1) 請負契約書や売買契約書の契約内容
　一般に原案の作成者に有利なようにできていますから、原案の作成者が請負人や売主の場合には、注文者や買主に不利な条項が多く含まれています。
(2) 設計図書や仕様書の内容
　設計図書とは、工事用の各種図面と仕様書をいいます。仕様書とは、工事材料の明細、数量、内容説明、工事手順その他の一切の必要事項を記載した書面をいいます。一般に注文住宅の請負契約でも建売住宅の売買契約でも、契約内容の一部となりますから、契約書の附属書として契約書と一体をなしたものとして契約書が作成されます。契約書の別冊として契約書に添付される場合もあります。
(3) 建築基準法、建築基準法施行令、建築基準法施行規則などの法令の内容
　建築基準法の目的は、「この法律は、建築物の敷地、構造、設備及び用途に関する<u>最低の基準を定めて</u>、国民の生命、健康及び財産の保護を図り、もって公共の福祉の増進に資することを目的とする」として、建築基準法が最低限の技術的基準を定めたことを明らかにしています（建築基準法1条）。従って、建築基準法関係法令に定める技術的基準に違反する場合は、欠陥（瑕疵）があるといえます。
(4) 建築基準法などに基づく国土交通省の告示の内容
　建築基準法、建築基準法施行令、建築基準法施行規則などの法令に基づいて国土交通省が技術的基準を多数告示していますが、これらの告示の内容も技術基準となり、これらの告示の内容に違反する場合は、欠陥（瑕疵）があるといえます。
(5) 住宅金融公庫の住宅工事共通仕様書の内容
　住宅金融公庫の融資を受けた住宅については住宅金融公庫の住宅工事共通仕様書の内容に従う必要がありますが、住宅金融公庫の融資を受けた住宅でない場合も、この住宅工事共通仕様書の内容が標準的技術基準となるとした判例もあります。
(6) 住宅の品質確保の促進等に関する法律による指定住宅紛争処理機関の定めた技術的基準の内容
　住宅の品質確保の促進等に関する法律70条では、「国土交通大臣は、指定

住宅紛争処理機関による住宅に係る紛争の迅速かつ適正な解決に資するため、住宅紛争処理の参考となるべき技術的基準を定めることができる」としており、これに基づいて「住宅紛争処理の参考となるべき技術的基準」が告示されています。この技術的基準が直ちに欠陥判断基準にはなりませんが、参考になります。

(7) 日本建築学会の標準工事仕様書などによる標準的技術基準の内容

　日本建築学会の標準工事仕様書などによる標準的技術基準が直ちに法律上の欠陥判断基準にはなりませんが、参考になります。

(8) 伝統的な木造軸組工法（在来工法）などの確立された標準的工法の内容

　法令その他に明文の規定がなくても確立された標準的工法の内容は、法律上の欠陥判断の基準となります。

　裁判所が欠陥（瑕疵）と判断する基準は明確ではありませんが、上記の判断基準により欠陥（瑕疵）を主張する必要があります。

Q2 欠陥住宅被害に対応するには、どのような手順で対応するのですか

1　欠陥住宅被害への対応の手順

　欠陥住宅の欠陥（瑕疵）の典型例には、新築住宅なのに雨漏りがする、壁にひび割れがある、床が傾いている、漏水が続いている、地盤沈下している、などがあり、これらの欠陥は目視により誰でも見て分かる欠陥現象ですが、これらの欠陥の原因を突き止めるのは困難な場合が多いのです。特に雨漏りは典型的な欠陥ですが、新築住宅なのに雨漏りがするような住宅は、他の箇所にも多数の欠陥があるのが通常です。

　雨漏りやひび割れのような欠陥住宅の「欠陥の現象」は誰でも見て分かりますから、一般には、注文者や買主が、請負人や売主に対して期限を定めて欠陥箇所の修繕を依頼しますが、最初のうちは請負人も売主も修繕の依頼に応じる姿勢を示すのが通常ですが、何回か修繕しても直らない場合は、悪徳業者は、そのうちに放置するようになります。

　欠陥住宅被害の最終的な解決には、どうしても裁判所の手続（民事訴訟手続）による必要がありますが、新築住宅の雨漏りのような欠陥では、とりあえず、民事訴訟の手続の前に雨漏りの被害を受けないような方策をとる必要があります。例えば、雨漏りを防ぐ防水シートで屋根を覆うといった養生工事（欠陥箇所の防護のための工事）をしてもらう必要があります。養生工事もしない場合は、住宅の基本構造部分まで雨水が浸入して、住宅に取り返しのつかない損傷を与えることになります。雨漏りの場合の養生工事は簡単な工事ですが、悪徳業者はなかなか養生工事もしないものです。

　一般に欠陥住宅被害に対応するには、次のような手順で対応します。

①　一級建築士に欠陥箇所についての相談をする
②　一級建築士に欠陥箇所についての建物調査を依頼する
③　建物調査の結果に基づいて請負人や売主に修繕計画を照会する。
④　建物調査の結果と修繕計画に基づいて請負人や売主に修繕を依頼する

⑤ 修繕をしない箇所について内容証明郵便で修繕を催促する。
⑥ 民事訴訟の証拠を収集する。
⑦ 民事訴訟を本人訴訟でできない場合は弁護士を探す。
⑧ 民事訴訟に備えて一級建築士を依頼する。

2 相談は一級建築士に

　欠陥現象は誰でも目で見て（目視で）分かりますが、欠陥原因は専門家でないと分かりませんから、先ずは、専門家の一級建築士に建物の欠陥箇所について相談をします。一級建築士に相談する場合はある程度の費用がかかりますが、請負人や売主は建築のプロですから、素人の注文者や買主は建築士の力を借りないと建築のプロに太刀打ちすることはできません。

　次いで、相談結果に基づいて実際の建物の調査を依頼する必要があります。一級建築士でも破壊検査（建物の一部を壊して検査すること）をしないと分からない箇所については破壊検査後の修復費用を誰が負担するのかといった問題がありますから、とりあえず、破壊検査の前に目視による検査または検査機械（含水率測定器、金属探知機など）を使用した検査を依頼します。建築士の相談費用や建物調査費用は、後日、民事訴訟になった場合は「損害」として賠償請求をすることになります。交渉により解決する場合も相手方に建築士の費用を負担させるように交渉する必要があります。

　建築士には、①一級建築士、②二級建築士、③木造建築士がありますが、各資格試験に合格後、①一級建築士は国土交通大臣の免許を受け、②二級建築士と③木造建築士は都道府県知事の免許を受けて設計や工事監理の仕事に従事します。建築士は、建設会社などに勤務している者が多く、建物の調査をしてくれる建築士はあまりいません。ＮＴＴの職業別電話帳にも建築士は職業として載っていませんから、建築設計とか建築検査の項目から「一級建築士事務所」を探します。二級建築士・木造建築士は避けることにします。

　平成15年９月末現在の全国の一級建築士の数は30万7954人、二級建築士は66万449人もおり、弁護士の約２万人、行政書士の約３万7000人と比べて、著しく多数の建築士がいますから、紹介をしてくれる人がいなくても電話帳で探して依頼をします。ただ、建築士は、建設会社や工務店の仕事をしている場合が多いので、請負人や売主の名前を告げて関係会社であった場合は別の建築士に依頼します。建築士本人も辞退するはずです。一級建築士といっても30万人以

上もいますから、能力差は大きく、ピンからキリまでいますので、能力がないと思ったら別の建築士に変えることにします。一級建築士は専門が①意匠、②構造、③設備の3分野に分かれていますが、3分野のすべてに精通している者はあまりいません。

　欠陥住宅の建物調査を仕事にしている建築士は少ないので、近くで見つからない場合は他の都道府県の電話帳（公立図書館にある）で探すことにします。報酬額も決まっていませんが、代表的な建物調査会社の例では、おおむね、次のようになっています。

> ①　調査基本料金　　3時間以内6万円。3時間を超える場合は、2時間以内ごとに3万円を追加（調査報告書の作成を含む）
> ②　相談　　1時間以内1万円。1時間を超える場合は、1時間以内ごとに1万円を追加
> ③　往復4時間を超える場合の旅行日当　　5万円（交通費と宿泊料は実費）
> ④　破壊検査その他の工事を必要とする場合　　工事費の実費
> ⑤　鑑定書の作成　　10万円以上30万円程度以下

　建築士法21条では、建築士は、設計や工事監理のほか、「建築物に関する調査または鑑定」の業務を行うことができるものとされています。

3　メモを持参すること

　一級建築士に欠陥箇所についての相談をする場合は、次の項目について記載したメモを持参します。メモを持参しないと相談時間が無駄になります。

> **欠陥住宅被害・相談メモ**
> 　（「その他」の項目は具体的に記載する）
> ○　建物の種類　　一戸建て・共同住宅（マンションなど）・その他の別
> ○　建物の構造　　木造・鉄骨造り・鉄筋コンクリート造り・その他の別
> ○　階数　　平屋建て・2階建て・3階建て・その他の別
> ○　各階床面積　　1階____m^2、2階____m^2、3階____m^2、その他____m^2
> 　　　　　　　（延床面積____m^2）

- ○ 建物の引渡し時期　平成　年　月　日頃
- ○ 工法　　在来木造軸組工法、ツーバイフォー工法、プレハブ・パネル構造工法（メーカー名）、鉄骨造り工法、鉄筋コンクリート工法、その他の別
- ○ 建物の所在場所（住所）　都道府県・市町村名
- ○ 建物の用途　　居住用・店舗事務所用・賃貸アパート・その他の別
- ○ 契約金額と契約書の有無（ある場合は持参する）
- ○ 契約の種類　　注文住宅、建売（分譲）住宅、自由設計の建売住宅、その他の別
- ○ 契約の相手方　　相手方の名称・氏名と住所
- ○ 建築図面と仕様書の有無（ある場合は持参する）
- ○ 建築確認通知書の有無（ある場合は持参する）
- ○ 建築確認申請書の副本の有無（ある場合は持参する）
- ○ 住宅金融公庫の融資の有無
- ○ 欠陥被害の具体的内容（詳細に記載する）
- ○ 欠陥原因の調査をしたことがある場合は、その結果
- ○ 請負人または売主（相手方）の言い分（詳細に記載する）
- ○ 相談者の住所・氏名・電話番号

　これだけの事項を説明するだけでも相当の時間が必要ですから、これらの事項について記載したメモは必ず持参します。契約書、工事図面、仕様書、建築確認申請書副本などは必ず持参することにします。

4　建物調査報告書を作成してもらう

　一級建築士に欠陥被害の相談をした後、建物調査の必要があると判断をした場合は、一級建築士に調査報告書の作成を依頼する場合の仕様書を作成して、調査費用の見積書を出してもらいます。欠陥の内容にもよりますが、とりあえず、目視による調査と破壊を伴わない機械による調査だけを依頼することもできます。欠陥住宅被害の民事訴訟を提起する前には、建物調査報告書の作成は必須のことです。

　一級建築士の作成する建物調査報告書は、欠陥住宅訴訟の中で裁判所の指定する鑑定人の作成する鑑定書とは異なりますが、専門家の作成したものですか

ら、証拠（書証(しょしょう)）となります。誰が作成した書類であっても、書類は、書証（証拠の文書）として訴訟の中で自由に裁判所へ提出することができます。建物調査報告書の表題や報告事項は決まっていませんから、鑑定意見書という表題を付ける場合もあります。

建物調査報告書に限らず、業者への照会書（質問書）やその回答書その他の書類は、必ず日付順に整理をして保管しておきます。民事訴訟を提起するときに必要になります。

一級建築士へ作成を依頼する「建物調査報告書」の仕様書の記載例は、次の通りです。調査対象建物の所在場所、家屋番号、構造、各階床面積、敷地面積その他の記載事項については仕様書に記載しておきます。

「建物調査報告書」作成・仕様書

1　表題は、「建物調査報告書」とします。
2　「建物調査報告書」には、少なくとも次の事項は記載してください。
(1)　調査対象建物の所在場所、家屋番号、構造、各階床面積、敷地面積、請負人または売主の名称・代表者名・所在場所、施工者の名称・代表者名・所在場所、設計者及び監理者の名称・代表者名・所在場所、所有者の住所・氏名
(2)　調査実施年月日・時刻、天候、調査者の氏名及び資格
(3)　調査実施部位（設計図書・工事仕様書等の表示と同一の表示をします）
(4)　調査の目的及び調査の方法
(5)　調査同伴者の氏名及び役職名
(6)　「建物調査報告書」作成者の記名及び押印
(7)　調査実施内容の記載
　① 欠陥現象または欠陥原因の認められた場所（部位）の位置
　② 調査者が確認した欠陥現象の現状（客観的事実の記載）
　③ 調査者が確認した欠陥原因
　④ 欠陥現象または欠陥原因についての技術的基準に関する意見
　⑤ 欠陥現象または欠陥原因についての根拠法令に関する意見
　⑥ 欠陥現象または欠陥原因についての本来の施工方法に関する意

見
　　⑦　欠陥現象または欠陥原因についての補修方法についての意見
　　⑧　取り壊し建て替え以外に補修の方法がない場合は、その理論的根拠または意見
3　書き方は、次の通りとします。
(1)　各欠陥箇所に一連番号（第1、第2、第3……）を付して、一連番号順に欠陥箇所の位置と欠陥現象を次例のように記載する。
　（例）第1　子供部屋・ロフト下・天井開口部（図面Aの①②③）
　　　　1　ロフト下・天井部・北西側に漏水が認められた。
　　　　2　ロフト下・天井部・北西側ボードの含水率測定により92.8％と測定された。
(2)　各欠陥箇所の写真は、原則として遠距離、中距離、近距離の写真を付けて、図面上に撮影角度を矢印で示し、写真の一連番号（上例の図面Aの①②③のように遠距離、中距離、近距離の写真の番号を付する）を①②③……のように付する。
(3)　図面が2枚以上ある場合は、ＡＢＣ……の記号を付して区別する。
(4)　亀裂や隙間の写真は、定規をあてて写真を撮る。柱の傾きの写真は、重しの付いた糸を垂らした写真（下げ振りの写真）を撮る。
(5)　表現は、建築の素人の裁判官にも分かるようにやさしく解説をする。建築用語や専門用語には説明を付ける。図解したほうが分かりやすい場合は、図解したものを付ける。
(6)　欠陥現象または欠陥原因についての法令上の根拠は、法令名と条数を記載する。技術的基準は告示などの文書番号と件名を記載する。
　　①　建築基準法、建築基準法施行令などの法令違反の施工箇所を表示する。
　　②　設計図書・仕様書・告示に違反する施工箇所を表示する。
　　③　住宅金融公庫の住宅工事共通仕様書に違反する施工箇所を表示する。
　　④　建築学会などの定める標準的技術基準に違反する施工箇所を表示する。
　　⑤　確立された標準的工法に違反する施工箇所を表示する。
(7)　調査者が確認した欠陥現象の客観的事実を中心に記載し、推測は

> 書かない。
> 4　作成依頼部数2部
>
> 　　　　　　　　　　　　　　　　　　　　　　　　　　　　以上

5　修繕計画を照会する

　次に「建物調査報告書」の完成後に、その結果に基づいて、①注文住宅は請負人に対して、②建売住宅は売主に対して、具体的な修繕計画を照会します。一般に最初のうちは請負人も売主も修繕計画を提出して一応の修繕をしますが、雨漏りのように何回も修繕しても直らない場合には、悪徳業者は、修繕の必要はないといって逃げ回るのが通常です。とくに建売住宅の場合は、売主と建築業者が異なる場合が多いので、売主は建築業者の施工が悪いと言って両者の間に紛争が生じ、実際の修繕が進まない場合も多いのです。

　「建物調査報告書」によって明らかな欠陥箇所が認められた場合には、直ちに修繕をする必要がありますから、具体的な欠陥箇所ごとに、どのような処置を行うのかを照会します。最初の照会書には、「建物調査報告書」の写しを添付して、報告書で指摘している不具合箇所(ふぐあいかしょ)の全部について処置方法を照会します。回答書の発送期限は、照会書の到達日から1週間以内ないし10日以内を指定します。

　業者（請負人または売主）からの回答書が到着したときは、その回答書の内容を一級建築士とともに検討して、回答書のような処置では不適当と認められる場合には、再度、適切な処置方法によることを照会します。このような処置方法の照会は、建築業者その他の宅地建物取引業者の業界でも一般に行われている手法ですから、業者に抵抗感はありません。

　業者は、欠陥箇所であっても「欠陥」とは認めたがらないので、欠陥箇所を「不具合箇所」と表現するのが無難です。照会書の記載例は、次の通りです。

> 　　　　　　　　　　　照　会　書
> 　　　　　　　　　　　　　　　　　　　　　　平成〇年〇月〇日
> 〇〇建設株式会社
> 　代表者代表取締役　　〇〇〇〇　殿
> 　　　　　　　　　　　〒000-0000〇県〇市〇町〇丁目〇番〇号
> 　　　　　　　　　　　　　　　　　　　　　　〇〇〇〇　（印）

(電話000-000-0000)

住居表示〇市〇町〇丁目〇番〇号所在の新築建物の不具合箇所について（照会）

　標記について、御社から購入した標記新築建物について、現時点で判明した範囲では下記の通り不具合が生じていますが、各不具合箇所について、どのような処置を行うのかを照会します。

　本書到達日の翌日から起算して１週間以内に各処置方法について記載した回答書を発送してください。回答をするのに１週間を超える項目については、後日、処置方法を決定次第、順次、回答書を発送してください。

　なお、本書には、〇〇建物調査株式会社作成の「建物調査報告書」を添付していますが、これを「報告書」と表示しています。また、報告書の写真の番号は、図面にも表示しました。

記

第１　屋上・塔屋南西角屋根水切板金部分（報告書２頁、図面Ａの①②③）
　１　水切と壁との間の部分に漏水による吹付リシン（注：塗装材料）の剥がれがある。
第２　主寝室・天井裏（換気口東側）（報告書２頁、図面Ａの④⑤⑥）
　１　天井ボード裏に約５ミリ程度、水が溜まっていた。
　２　漏水の状況が確認できた。
第３　主寝室の報告書３頁の図面中の赤色で囲った部分（報告書３頁、図面Ａの⑦⑧⑨）
　１　赤色で囲った部分の含水率測定により99.9％と測定された。
　２　触診によっても漏水が確認できた。
第４　主寝室上・雨押さえ板金端部（報告書４頁、図面Ａの⑩⑪）
　１　水切端部の止め板金取合部分に大きな隙間がある（納まり図の提出必要）

（以下、省略）

(1)　文書の表題は「照会書」とします。
(2)　文書の宛て先は、請負人または売主の会社の代表者あてにします。

(3) 照会者の住所・氏名・電話番号・ＦＡＸ番号を記載して、押印（認め印）します。
(4) 照会内容は、不具合箇所（欠陥箇所）を指定してその具体的状況（客観的な事実）を記載します。後日の訴訟の証拠書類になりますから、「建物調査報告書」に基づいて正確に記載します。場合によっては「納まり図」（詳細図面）を提出して貰います。
(5) 郵送は、「配達証明郵便」として発送します。

業者からの回答書の内容を一級建築士とともに検討して、回答書のような処置では不適当と認められる場合には、再度、適切な処置方法によることを照会します。この場合の記載例は次の通りです。

照 会 書

平成〇年〇月〇日

〇〇建設株式会社
代表者代表取締役　〇〇〇〇　殿

　　　　　　　　　　　〒000-0000〇県〇市〇町〇丁目〇番〇号
　　　　　　　　　　　　　　　　〇〇〇〇　（印）
　　　　　　　　　　　　　　　　（電話000-000-0000）

住居表示〇市〇町〇丁目〇番〇号所在の新築建物の不具合箇所に係る回答書の内容についての照会

標記について、貴殿からの平成〇年〇月〇日付回答書を受領した後、専門家と回答内容について検討した結果、回答の処置方法では下記の通り不十分と思料するので、再度、ご検討のうえ下記の各照会事項について本書到達日の翌日から起算して１週間以内に回答書を発送されたい。

記

１　回答書第１について
　　上部屋根内部の漏水によりできたリシンの剥がれであり、見えている部分をシールするだけでは、不十分ではないか。
２　回答書第５について
　　シーリングの材料及び手順は、どうなっているのか。要領書を提出さ

> れたい。
> 3　回答書第6について
> 　回答が照会内容に対応していない（誤っている）ので、正確に回答されたい。
> 4　回答書第7について
> 　上部よりのコーキング（止水シール）は切れやすいので、板金水切を交換する必要があるのではないか。
> 5　回答書第8について
> 　具体的な施工手順を提出されたい。
> 　　　　　　　　　　　　　　　（中　略）
> 50　回答書に記載されていない未回答部分（照会書の第51ないし第60）に係る回答書を速やかに発送されたい。
> 　　　　　　　　　　　　　　　　　　　　　　　　　　　　以上

(1)　再度の照会は、最初の回答書の処置では不適当ないし不十分な場合に行いますから「建物調査報告書」を作成した一級建築士に回答書を見せて、その意見をききます。欠陥箇所の技術的な処置方法の争いになりますから、専門家の一級建築士の意見を聞くのは必須のことです。

(2)　建築士とは事前に予約をして説明を受けますが、事前に照会書と回答書をＦＡＸで送っておくと1時間ないし2時間程度で意見を聞くことができます。

(3)　照会書や回答書は、後日、民事訴訟を提起する場合の証拠（書証）となりますから日付順に整理して保管しておきます。

(4)　再度の回答書の処置でも不適当ないし不十分な場合には、更に照会を続けますが、既に送付された回答書の中で相手方の認めた欠陥箇所については、今後の具体的な修繕計画書の提出を求めます。

(5)　相手方業者が回答書を発送しない場合は、内容証明郵便で催促をします。なお、相手方業者と面接して双方が不具合箇所を確認した場合には、その結論を簡単な議事録にして双方の署名押印をします。議事録の記載事項には、①議事録の表題、②出席当事者の氏名、③話し合いの日時と場所、④話し合いの結論の要点、⑤出席当事者の署名押印が必要です。

6 とりあえず修繕してもらうには

　次に、相手方業者が回答書の中で認めた不具合個所（欠陥個所）については、その具体的な修繕工事計画書（具体的な各作業内容、施工日数、工程などを記載した書面）を提出してもらいます。新築住宅なのに雨漏りがするような欠陥住宅では、一般に多数の欠陥箇所が認められますが、例えば、欠陥箇所が100カ所あるのに業者が50カ所しか認めない場合は、いつまでも水掛け論をしても先に進みませんから、とりあえず、業者が認めた欠陥箇所についての修繕工事を開始してもらいます。一度に全部の欠陥箇所を修繕しないと何度も修繕工事に付き合わされることになり不都合ですが、雨漏りのような緊急性を要するものでは直ちに修繕を開始しないと建物に取り返しの付かない損傷を受けることになります。さらに場合によっては業者が倒産する可能性もあります。

　業者が回答書の中で認めた欠陥個所の修繕計画について、具体的なバーチャート工程表（左側に各作業内容を記載し、上部に第1日、第2日、第3日……のような日付を記載して、各作業ごとの工程が分かるように棒状の表示をした一覧表）と各欠陥箇所の具体的な修繕計画書を提出してもらいます。この場合も照会書の形式で郵送します。

照　会　書

平成○年○月○日

○○建設株式会社
代表者代表取締役　○○○○　殿

〒000-0000○県○市○町○丁目○番○号
○○○○（印）
（電話000-000-0000）

　住居表示○市○町○丁目○番○号所在の新築建物の不具合箇所の補修計画書等について

　標記について、貴殿からの平成○年○月○日付回答書を受領したが、とりあえず、既に提出された回答書及び御社との間の議事録確認により確認された不具合箇所について修繕工事を開始する必要があるので、当該不具合箇所について照会する。本書到達日の翌日から起算して5日以内に回答

書を発送されたい。

　なお、各不具合箇所の修繕工事の工程の分かるバーチャート（注：日程を棒状に表示した表。前頁参照）工程表及び修繕計画書を回答書といっしょに発送されたい。

記

第1　回答書および議事録で確認されている不具合箇所の照会

　以下の1ないし45の番号は本年〇月〇日付照会書の番号と同じである。46の番号以降は、既に議事録により確認している不具合箇所である。いずれも（　）括弧内は確認した文書を示す。

　1　屋上・塔屋南東角屋根水切板金部分（本年〇月〇日付回答書1）
　2　屋上・塔屋南西角屋根水切板金部分（本年〇月〇日付回答書2）
　3　子供部屋・ロフト下・天井開口部（本年〇月〇日付回答書3）

（中　略）

　46　吊り戸棚の取り替え（昨年〇月〇日の議事録）
　47　ハウスクリーニング（本年〇月〇日の議事録）

（中　略）

第2　上記第1の回答書には、上記第1の各修繕工事の開始可能日を付記されたい。

以上

　上記の照会に対する回答内容がおおむね妥当であると考えた場合は、とりあえず、その計画書の期限内に工事を完了してもらいます。特に工事完了期限の確認が大切です。工事が大規模の場合には、一級建築士に「工事監理」を依頼するのがベストですが、多額の費用がかかりますから、必要に応じて各工程ごとの工事写真や納まり図（詳細図面）を提出してもらうこととします。一級建築士に工事監理を依頼しない場合でも、欠陥箇所の修繕結果の調査を依頼するのが無難です。これらの費用を交渉によって業者に負担させることもできますが、悪徳業者は、一般に費用の負担を拒否します。

　修繕工事計画書の内容に基づいて一応の修繕工事が完了した後、業者が欠陥箇所として認めない欠陥箇所について一級建築士の建物調査の結果に基づいて、再度、その修繕を業者に対して内容証明郵便で求めます。どうしても業者が修繕をしない場合には、民事訴訟の手続しかありませんから、その民事訴訟の準

備作業です。

　内容証明郵便とは、郵送した手紙の内容や発送日を郵便局が証明してくれる制度です。内容証明の書き方は、1枚に1行20字以内・26行以内に書いて（縦書きでも横書きでもよい）コピーをして同一の手紙を3通作成します。手紙には相手方と差出人の各住所と氏名を記載し手紙の封筒にも同一の住所と氏名を記載します。内容証明郵便を取り扱う郵便局は集配課のある大きな郵便局に限られています。郵便局の窓口には、①手紙3通、②相手方と差出人の各住所と氏名を書いた封筒1枚を差し出し、郵便局員が確認した後、1通を封筒に入れて封をして郵便局員へ返します。残りは、郵便局保管用と差出人保管用となります。「配達証明」も付けるように依頼します。内容証明郵便は、民事訴訟になったような場合に証拠として、いつ、誰に、どのような内容の手紙を出したのかを証明するものですから、相手方から到着する手紙や文書は、それ自体を証拠として裁判所に提出することができます。相手方から貰う文書は、どんなものでもよいのです。

7　業者が誠実に対応しないときは

　業者が内容証明郵便に対しても何らの返答をしないようになった場合は、誠実な修繕工事を期待することはできませんから、民事訴訟の準備を開始します。民事訴訟の勝敗は主張（法令に根拠のある言い分）と立証（言い分を証明すること）によって決まりますから、建物調査報告書、照会書、回答書、内容証明郵便、法令、告示その他の証拠となる書類を整理します。法令集・告示集としてよく用いられるものは『基本建築関係法令集（法令編）』と『基本建築関係法令集（告示編）』（いずれも株式会社霞ケ関出版社・発行）です。

　欠陥住宅訴訟は、欠陥か否かという技術論争になりますから、建築の素人の裁判官にもよく分かる書面を作成することが大切です。時間の関係などで民事訴訟を本人訴訟でできない場合は弁護士を探しますが、できれば、欠陥住宅被害の事件を扱ったことのある弁護士に依頼します。弁護士を依頼した場合でも、欠陥住宅訴訟は技術論争が中心ですから、弁護士に協力してくれる一級建築士を依頼する必要があります。何度も欠陥住宅被害の事件を扱ったことのある弁護士の場合は、協力してくれる一級建築士を知っていますから、別に依頼する必要はありません。

　民事訴訟の仕組みは、①まず「事実」があって、②その事実に法律（判断基

準）を適用して、③判決を下すというだけです。欠陥住宅訴訟では、①欠陥という事実を主張し立証して、②裁判官が法律（判断基準となる建築基準法・告示その他の法令）を適用して、③判決を下すことになります。民事訴訟でもっとも重要なことは、事実（欠陥であること）の立証（証明）です。ただ、欠陥住宅訴訟では、技術的専門的な判断基準（法令・告示・設計図書・仕様書など）が多いので、一般の民事訴訟では立証する必要のない法令・告示などについても証拠書類として提出することが大切です。

　欠陥住宅訴訟を弁護士に依頼した場合でも、弁護士は法律は知っていても具体的な事実（欠陥現象や欠陥原因）は知らないわけですから、随時、欠陥に関する事実や技術的専門的判断基準の資料を提供する必要があります。弁護士にまかせっきりにすると泣くことになります。

　弁護士を依頼しない場合は、本人訴訟をすることになりますが、民事訴訟の期日（法廷で審理をする日時）は平日（月曜から金曜）の特定時刻を指定しますから、1カ月ないし2カ月に1日、休暇が取れる公務員などを除いて、サラリーマンの場合は本人訴訟をするには無理があります。自営業、農業、定年退職者、主婦などで時間的余裕のある人や休暇がとれる人は、本人訴訟で対応することができます。ただ、この場合も、協力してくれる一級建築士を依頼することは必須のことです（民事訴訟の手続は第3章参照）。

　弁護士を依頼したいが弁護士費用が支払えない場合の制度として「法律扶助制度」がありますが、この制度を利用するためには「自分で費用を負担できない」などの厳格な要件を満たす必要がありますので、新築住宅の購入者は資産があると見られますから、この制度を利用することは一般的には困難です。この制度の詳しいことは、次に尋ねます。

```
財団法人　法律扶助協会（本部）
〒100-0013　東京都千代田区霞が関1−1−3　弁護士会館14階
電話　03−3581−6941代表
FAX　03−3581−6943
各都道府県の弁護士会の中にも相談センターが置かれています。
```

　民事訴訟費用は、敗訴の当事者の負担とされていますが（民事訴訟法61条）、弁護士費用は、この場合の民事訴訟費用には含まれません。日本の民事訴訟制

度では本人訴訟が原則だからです。民事訴訟費用とは、訴状に必要な収入印紙代、郵便切手代、証人の旅費や日当、実地検証のための出張旅費などをいいます。しかし、欠陥住宅訴訟のような技術的専門的な訴訟では、弁護士に依頼する必要性があるとして弁護士費用を損害賠償として裁判官が認める場合があります。

Q3 建築士へ依頼する「建物調査報告書」とは、どのようなものですか

1 「建物調査報告書」はなぜ必要か

　欠陥住宅被害について請負人や売主と交渉したり、欠陥住宅訴訟を提起するには、一級建築士へ「建物調査報告書」の作成依頼をすることは必須のことです。請負人や売主は建築のプロですから、建築に素人の注文者や買主が請負人や売主に欠陥を認めさせるには専門家である一級建築士の建物調査がどうしても必要になります。

　請負人や売主が欠陥を認めない場合や誠実に修繕をしない場合は、最終的には、裁判上の手続（民事訴訟手続）しかありません。民事訴訟手続では、建築士の作成した「建物調査報告書」が重要な証拠書類となります。

2 「建物調査報告書作成・仕様書」の作成

　「建物調査報告書」の作成を依頼するに際しては、先ず、一級建築士に欠陥箇所の相談をしますが、その際には、Q2に述べた「欠陥住宅被害・相談メモ」を持参して相談をします。相談をする際には、どのような建物調査をするのかを打ち合わせて、Q2に述べた「建物調査報告書作成・仕様書」を作成して建築士に渡します。その仕様書に基づいて建物調査報告書の作成費用の見積書を提出してもらいます。

　「建物調査報告書」は、民事訴訟手続の中で裁判所の指定する鑑定人の作成する「鑑定書」とは異なりますが、専門家の一級建築士の作成した「建物調査報告書」は重要な証拠書類（書証）となります。鑑定とは、民事訴訟手続の証拠調べ手続の一つで、特別の学識経験のある第三者（鑑定人）にその専門知識や意見を報告させて裁判官の判断能力を補充するために行われる証拠調べをいいます。

3 「建物調査報告書」とはどのようなものか

　どのような建物調査報告書がよいのかを一般的に述べると次のようになります。
　(1)　建築の素人の裁判官にもよく分かるようにやさしく書かれていること。

(2) 証拠書類として相手の反論ができないように正確に書かれていること。
(3) 重要欠陥箇所について法令や告示などの欠陥の法的根拠を明示していること。
(4) 欠陥箇所の明瞭な写真（種々の角度から撮影したもの）を掲載していること。
(5) 建築専門用語には説明を付けていること。
(6) 欠陥の事実を客観的に記載し、推測を記載していないこと。
(7) 重大な欠陥を中心に記載していること。
(8) 調査依頼事項についてのみ記載していること。

欠陥箇所が多い場合には、最初の「建物調査報告書」には、雨漏りの修繕など緊急を要する欠陥箇所だけに限定して調査を依頼し、破壊検査を必要とするような構造上の重大な欠陥の認められる箇所については、その欠陥だけで取り壊し建て替えが認められる場合もありますから、次に、民事訴訟の提起を前提とした破壊検査を実施して重大な構造上の欠陥についての「建物調査報告書」の作成を依頼します。欠陥住宅訴訟は、一般の民事訴訟に比べて判決までの時間が多くかかり、3年程度はかかるといわれています。悪徳業者は、民事訴訟を提起すると、もはや裁判所で文句を言ってくれという態度で修繕には着手しないのが通例です。

「建物調査報告書」の主な記載事項の例は、次の通りです。

建物調査報告書

平成○年○月○日

○県○市○町○丁目○番○号
○○○○　殿

　　　　　　　　　　　○県○市○町○丁目○番○号
　　　　　　　　　　　○○○○一級建築士事務所
　　　　　　　　　　　一級建築士　○○○○（印）
　　　　　　　　　　　（電話000-000-0000）

　貴殿から調査依頼のあった建物について下記の通り調査をしたので報告をする。

記

Q3——建築士へ依頼する「建物調査報告書」とは、どのようなものですか

1　調査対象建物
　　所在場所　住居表示○県○市○町○丁目○番○号
　　構造　　　木造軸組工法（在来工法）、3階建て
　　床面積　　1階46.50m^2、2階36.04m^2、3階29.25m^2
　　　　　　　（合計床面積111.79m^2）
　　敷地面積　126.50m^2
　　買主　　　○県○市○町○丁目○番○号　○○○○
　　売主　　　○県○市○町○丁目○番○号　○○建設株式会社
　　施工者　　○県○市○町○丁目○番○号　株式会社○○工務店
2　調査実施日時・天候
　　平成○年○月○日（○曜）午前9時から午後4時まで
　　天候　晴れ
3　調査の目的
　　瑕疵（欠陥箇所）の現状確認
4　調査者（インスペクター）
　　○県○市○町○丁目○番○号　○○○○（一級建築士・一級建築施工監理技士）
5　調査方法
　　目視できる範囲の調査（含水率測定機械その他の機械使用）
6　調査に使用した資料
　（1）本件契約書並びに付属の設計図書及び仕様書
　（2）建築確認申請書副本
　（3）『基本建築関係法令集（法令編）』（株式会社霞ケ関出版社・発行）
　（4）『基本建築関係法令集（告示編）』（株式会社霞ケ関出版社・発行）
7　調査依頼事項
　　雨漏りの現状の調査、漏水箇所の現状の調査、法令及び告示違反の調査
8　調査部位
　　屋上、屋根、主寝室の天井及び壁、子供部屋の天井及び壁、キッチンの天井及び壁、浴室の天井及び壁
9　調査結果の要約
　（1）屋上　　　　　　　　　　　（内容省略）

> (2) 屋根　　　　　　　　　　（内容省略）
> (3) 主寝室の天井及び壁　　　（内容省略）
> (4) 子供部屋の天井及び壁　　（内容省略）
> (5) キッチンの天井及び壁　　（内容省略）
> (6) 浴室の天井及び壁　　　　（内容省略）
> 10　添付書類
> 　写真撮影位置を表示した図面Ａ、Ｂ、Ｃ、Ｄ、Ｅ各１部
> 11　調査結果の詳細
> 　第１　屋上・出入り口下部部分（図面Ａの①②③）
> 　　サッシとＦＲＰ防水取り合い部の接合が不十分で下地ベニヤが露出している。
> 　第２　屋上・塔屋南西角屋根水切板金部分（図面Ａの④⑤⑥）
> 　　水切と壁との間の部分に漏水による吹付リシンの剥がれがある。
> 　　　　　　　　　　　（以下、省略）

(1) 「建物調査報告書」は原本を２部作成してもらいます。原本１部は業者に対する照会書に添付します。残りの原本１部は、民事訴訟を提起した場合に使用します。

(2) 「建物調査報告書」は一般にパソコンを使用して作成されますから、写真はデジタルカメラが使用されます。写しを作成する場合は、カラーコピーをします。

(3) この例の「建物調査報告書」は「目視できる範囲の調査」を依頼していますが、破壊検査によって建物の基本構造部分の欠陥（瑕疵）が発見された場合は、民事訴訟の証拠としてその重要欠陥箇所について建築基準法その他の建築関係法令違反や告示違反などの法的根拠も記載してもらいます。

(4) 「建物調査報告書」は民事訴訟手続の中で裁判官が指定する鑑定人の作成する鑑定書とは異なりますが、瑕疵（欠陥箇所）の現状の客観的事実を法律上の根拠及び科学的根拠に基づいて記載していますから、証拠としての価値は高いものといえます。

(5) この例の「建物調査報告書」は「目視できる範囲の調査」ですが、含水率測定機械、釘の間隔を測定する金属探知機、水平垂直測定器、亀裂幅測定スケール（クラックスケール）などを使用する場合もあります。

Q4 欠陥住宅の現状は、どのようになっているのですか

1　減らない欠陥住宅

　欠陥住宅問題は、日本の高度経済成長期に大量販売された建売住宅や注文住宅が大量に出回った頃から都市部において発生しました。日本の代表的な木造軸組住宅（確立された在来工法による住宅）では、工法自体には問題はなく、手抜き工事により欠陥住宅が発生するのです。田舎の地元の大工に依頼する場合は、大工自身も手抜き工事が発覚した場合は、仕事は来なくなり、その地方に住むことはできませんから、手抜き工事は考えられませんでした。

　ところが、高度経済成長期に大量販売された建売住宅や注文住宅では、人手不足などにより熟練した大工などの職人が集まらなくなり、熟練した大工も後継者不足によっていなくなり、熟練した職人が少なくなってしまったのです。大手の建設会社に注文した場合でも、実際は子会社の下請けや孫請けの会社が建てる場合も多いのです。大手の建設会社だからといって安心はできないのです。

　欠陥住宅被害にあわないためには、請負契約書・売買契約書・仕様書などを厳重にチェックする方法もありますが、それだけでは、欠陥住宅訴訟になった場合には有利にはなるものの、欠陥住宅から逃れることはできません。注文住宅の場合には、信頼のおける一級建築士に「工事監理」を依頼するしか方策がありません。売買契約の場合にも、建築士の調査を受けるのも一つの方法ですが、目で見て分かる範囲の調査では完全な調査は不可能です。

2　欠陥住宅被害を防ぐには

　民法632条では、注文住宅の場合の請負契約について「請負は、当事者の一方（請負人）がある仕事を完成することを約し、相手方（注文者）がその仕事の結果に対してこれに報酬を与えることを約することによりてその効力を生ず」と規定しており、「仕事の完成」が目的ですから、素人同然の大工に工事をさせてもかまないと解釈されています。素人同然の大工に工事をさせないためには、そのような契約内容にする必要があります。

注文住宅でも建売住宅でも、建築をするには、①設計、②施工、③監理の仕事がありますが、これを同一人（同一業者）が行っていることに欠陥住宅問題の根本があります。建築業者は、①設計、②施工、③監理の仕事を同一人が行うと安くつくなどと甘い言葉を囁きますが、①設計、②施工、③監理の仕事を同一人に集中させることが欠陥住宅の温床となっているのです。①設計、②施工、③監理の仕事を別人に分離して相互に抑制することが欠陥住宅被害を無くすためには必要なことなのです。しかし、法律上、①設計、②施工、③監理の仕事を同一人がしてもよいこととされていますから、欠陥住宅被害は、今後とも発生し続けることになると思われます。
　さらに、欠陥住宅の発生原因には、一般に、①契約無視の詐欺的・犯罪的手抜き工事、②工事施工者の技術不足による欠陥工事、③値切り契約による材料手抜き工事、③工期不足による手抜き工事があると言われています。

3　欠陥住宅訴訟の心得

　欠陥住宅の問題は、最終的には裁判所によって解決されるべきものですが、裁判所の欠陥住宅訴訟では、特許訴訟のような専門部もなく、建築学アレルギーの裁判官によって訴訟が長引くのが通常です。弁護士も建築に詳しい者は少なく、さらに弁護士には医師のような応諾義務もありませんから、訴訟代理人を依頼しても断られる場合もあります。
　欠陥住宅訴訟の特色は、それが特許訴訟の場合と同様に技術的な論争になりますから、一般の裁判官は建築が分かっていませんので、とんでもない結論（判決）が出される場合があります。もともと、裁判所は信用のできない機関ですが、そのうえ、建築技術の分からない裁判官が審理をするのですから、その結論は予測することはできません。しかし、予測することができないということは、原告が敗訴するとは限らないということです。裁判は、やってみなければ、結果は分からないということです。日本の法律制度では、最終的には裁判制度しかありませんから、あまり役立たないと分かっていても利用するしかないのです。裁判制度を利用する以上は、絶対に勝訴をする必要がありますから、本書第3章で述べるような手段でベストを尽くす必要があります。

Q5 請負契約による欠陥住宅（注文住宅）の責任追及は、どうするのですか

1 注文住宅の責任追及の方法

　請負契約とは、当事者の一方（請負人）が、ある仕事（注文住宅）を完成することを約束し、相手方（注文者）が、その仕事の結果に対して報酬を支払うことを約束する契約をいいます（民法632条）。請負契約の成立に契約書の作成は必要ではありませんが、実際には注文住宅の場合では詳細な契約条項を定めるのが通常です。

　請負契約による欠陥住宅（注文住宅）の責任追及の主な方法には、2以下に述べる通り①請負人（請負業者）に対する請負契約違反に対する責任追及のほか、②請負人の従業員の不法行為（故意または過失により他人の権利を侵害する行為）による使用者（請負人）と従業員への責任追及、③設計や監理をした建築士の不法行為責任、④下請け・孫請け業者の不法行為責任、⑤公務員である建築主事に対する国家賠償法に基づく責任追及などが考えられます。

　請負契約と売買契約の混合したような契約（例えば、土地建物の売買契約の形式をとっているものの建物は存在せず、買主の希望に応じた設計にするような場合）では、実態に応じて請負契約の規定を適用したり売買契約の規定を適用したりすることになります。

　これらの責任追及は、裁判所の手続（民事訴訟）によって行われますが、まず、裁判外で請負契約上の請負人の責任により欠陥の補修をさせることが先決です。

2 民法による業者への責任追及

　請負契約による欠陥住宅（注文住宅）の請負人に対する責任追及に関して民法は次のように規定しています。

　(1)　請負人の瑕疵担保責任（欠陥から生ずる責任）として、民法は、仕事の目的物（注文住宅）に瑕疵（欠陥）があるときは、注文者は、請負人に対し相当の期間を定めてその瑕疵の修補（修繕）を請求することができると規定しています。この権利を注文者の瑕疵修補請求権といいます。ただし、その

欠陥が重要でなく、修繕に過分の（不相応な）費用を要するときは修繕の請求はできないとされていますから、注文者は、損害賠償請求しかできないことになります。しかし、重要な欠陥の場合は過分の費用を要する場合でも修繕の請求ができます（民法634条1項）。
(2) 注文者は、欠陥の修繕に代えて損害賠償の請求をすることができますが、欠陥の修繕とともに損害賠償請求をすることもできます（民法634条2項）。
(3) 一般に仕事の目的物に欠陥があって、そのために請負契約をした目的が達せられない場合は、注文者は、請負契約を解除することができますが、建物その他の土地の工作物（ブロック塀など）については解除できないとされています（民法635条）。しかし、現在の通説では、建物に重大な欠陥があって請負契約の目的を達することができない場合は、契約解除ができるとしています。
(4) 仕事の目的物（注文住宅）の欠陥が、注文者の提供した材料の性質や注文者の与えた指図によって生じた場合には、請負人の担保責任は生じないとされています。従って、修繕請求も損害賠償請求もできず契約解除もできないことなります。ただし、請負人が、その材料や指図の不適当なことを知って、注文者に告げなかったときは、請負人は担保責任を負うことになります（民法636条）。
(5) 請負人に対する注文者の①瑕疵修補（修繕）請求権、②損害賠償請求権、③契約解除権の行使は、建物その他の土地の工作物（塀など）以外は、その引渡しを受けた時から1年以内に行使する必要があります（民法637条）。
(6) 建物その他の土地の工作物では、請負人は、①その工作物または地盤の欠陥については、引渡しの時から5年間、担保責任（瑕疵から生ずる責任）を負いますが、②この期間は、石造り、土造り、煉瓦造りまたは金属造りの工作物については10年間とされています（民法638条1項）。しかし、土地の工作物が欠陥によって滅失または毀損（きそん）したときは、注文者は、その滅失または毀損の時から1年内に修繕の請求や損害賠償請求をする必要があります（民法638条2項）。この場合の1年や5年の期間は、普通の時効期間である10年以内なら請負契約の中などで伸長することができます（民法639条）。

> 請負契約による欠陥住宅（注文住宅）の責任追及
> ① 請負人に対する注文者の瑕疵補修請求権の行使（民法634条1項）

Q5――請負契約による欠陥住宅（注文住宅）の責任追及は、どうするのですか

> ② 請負人に対する注文者の損害賠償請求権の行使（民法634条2項）
> ③ 請負人に対する注文者の契約解除権の行使（民法635条）（建物その他の土地の工作物については条文上は契約解除はできないとされている）

① この場合の瑕疵（欠陥）は、売買の場合に要求される隠れた瑕疵（一般人として通常要求される注意を用いても発見することのできない欠陥）に限られない。

② 注文者には瑕疵修補請求権があるが、買主にはない。しかし、平成12年4月1日以降の新築住宅の売買では、買主は「住宅の品質確保の促進等に関する法律」により瑕疵修補請求ができる。

③ 瑕疵による代金減額請求権について規定はないが、学説は認められるとする。

④ 注文者は、請負人が仕事未完成の間はいつでも損害を賠償して請負契約の解除ができる。注文者にとって不必要な仕事を継続させることは無意味だからである。

⑤ 請負人の担保責任は、過失がなくても負う無過失責任とされている。

3 「住宅の品質確保の促進等に関する法律」による責任追及

「住宅の品質確保の促進等に関する法律」による請負人の瑕疵担保責任の特例が次のように規定されています。この法律は、平成12年4月1日以降に契約された新築住宅に適用されます。

(1) 住宅を新築する建設工事の請負契約においては、請負人は、注文者に引き渡した時から10年間、住宅のうち「構造耐力上主要な部分」または「雨水の浸入を防止する部分」として政令で定めるものの瑕疵（構造耐力または雨水の浸入に影響のないものを除く）について民法634条1項および2項前段に規定する担保の責任を負うとしています（住宅の品質確保の促進等に関する法律87条）。つまり、注文者は、引渡時から10年間は、①瑕疵修補請求（民法634条1項）をすることができるほか、②瑕疵の修補に代わる損害賠償請求または瑕疵の修補請求とともに損害賠償請求（民法634条2項前段）をすることもできるのです。

(2) 上の「住宅のうち構造耐力上主要な部分」とは、次の部分をいいます

（住宅の品質確保の促進等に関する法律施行令 6 条）。

> ① 住宅の基礎、基礎ぐい、壁、柱、小屋根、土台、斜材（筋かい、方づえ、火打材料〔注：屋根裏の骨組や床の骨組の水平面にあって斜に入れて隅角部を固める材料〕その他これらに類するもの）、床版、屋根版または横架材（はり、けたその他これらに類するもの）であって、
> ② その住宅の自重もしくは積載荷重、積雪、風圧、土圧もしくは水圧または地震その他の振動もしくは衝撃を支えるもの

(3) 上の「住宅のうち雨水の浸入を防止する部分」とは、次の部分をいいます。

> ① 住宅の屋根もしくは外壁またはこれらの開口部に設ける戸、わくその他の建具
> ② 雨水を排除するため住宅に設ける排水管のうち、その住宅の屋根もしくは外壁の内部または屋内にある部分

(4) 上記(1)の規定に違反する特約（契約）で注文者に不利な契約は無効となります。

4　債務不履行責任を追及できる場合

　債務者（債権者に対して行為をする義務を負う者）が、契約の通りに履行しない場合は、債権者は、損害賠償の請求をすることができます（民法415条）。契約の通りに履行しない場合（これを債務不履行とか契約不履行といいます）には、①期限までに履行しない場合（履行遅滞）、②履行が不可能となった場合（履行不能）、③不完全な履行しかしない場合（不完全履行）があります。

　注文住宅に欠陥があった場合は、上の③不完全履行にあたりますが、民法は、請負人の担保責任の特則を設けて債務不履行（契約不履行）の一般規定（民法415条）の適用を排除しています。つまり請負契約の特則を規定しているのです（民法632条〜642条）。しかし、請負人の重大な債務不履行により重大な欠陥が存在する場合には、債務不履行責任を追及することができるとする裁判例や学説もあります。ただ、請負人の担保責任の規定（民法634条以下）によって瑕

疵修補請求や損害賠償請求ができますから、債務不履行責任を肯定する実益は権利行使の期間制限（債務不履行は10年）にあるといえます。

5　不法行為による責任追及

故意または過失により他人の権利を侵害する行為を「不法行為」といいますが、不法行為をした者は不法行為によって生じた損害を賠償する責任があるとされています（民法709条）。債務不履行（契約不履行）は契約関係にある者の間で問題となりますが、不法行為は契約関係のない者との間で問題となります。

(1)　建築基準法は「建築物の敷地、構造、設備および用途に関する最低の基準」を定めているものですから、請負人は、この最低限度の技術基準を守る義務がありますので、この義務に違反した場合は、注文者は、請負人や下請け・孫請けに対して民法709条の不法行為の規定に基づいて損害賠償請求をすることができます。

(2)　事業のために他人を使用する者（使用者）は、被用者（従業員）がその事業の執行につき第三者に加えた損害を賠償する責任があるとされています。この責任を使用者責任といいます（民法715条）。請負業者の従業員の故意または過失によって欠陥が生じた場合は、民法715条の使用者責任の規定によって、その使用者である請負業者に対して損害賠償請求をすることができます。

6　設計や工事監理での責任追及

注文者が、建設業者との請負契約に際して、別の建築士に「設計」や「工事監理」の業務を委託した場合には、その委託契約に違反した建築士に対して債務不履行（契約不履行）による損害賠償請求をすることができます。

(1)　設計に関して、建築士法18条2項は、「建築士は、設計を行う場合においては、これを法令又は条例の定める建築物に関する基準に適合するようにしなければならない」と規定しています。

(2)　工事監理に関して、建築士法18条4項は、「建築士は、工事監理を行う場合において、工事が設計図書のとおりに実施されていないと認めるときは、直ちに、工事施工者に注意を与え、工事施工者がこれに従わないときは、その旨を建築主に報告しなければならない」と規定しています。

(3)　注文者が、会社と設計・工事監理の委託契約をしている場合は、従業員

である建築士の不法行為に対して会社の債務不履行（契約不履行）の責任を追及することができますが、建築士個人の不法行為責任（民法709条）も追及することができます。
(4)　建築士の名義貸し（工事監理をしないのに名義だけを貸している場合）に対して建築士の不法行為責任が認められる場合があります。

7　その他に責任追及できる相手方

その他に責任追及のできる相手方には、次のものが考えられます。
(1)　都道府県や政令指定都市などの公務員である「建築主事」が、建築確認申請の審査を行うに際して過失により設計上の瑕疵を見落として欠陥住宅となった場合や中間検査・完了検査に手抜きをして欠陥住宅になった場合は、公務員の不法行為として国家賠償法により自治体に対して損害賠償請求をすることができます（国家賠償法1条1項）。ただ、自治体を被告にしますから、訴訟経済上、得策でないともいえます。
(2)　株式会社の取締役が、その職務を行うについて悪意で（知りながら）または知ることができたのに注意を怠って知らないままに間違った職務行為をしたために第三者に損害を与えたときは、その取締役は連帯して第三者の損害を賠償しなければならないとされています（商法266条の3）。この規定によって建築会社の取締役の責任を追及することもできます。
(3)　製造物責任法では、建物（住宅）のような不動産は「製造物」には含まれないとしていますが、建物の材料の動産（不動産以外の物）は製造物に該当し、その欠陥によって他人の生命、身体または財産を侵害したときは、製造業者等は、これによって生じた損害を賠償する責任があるとしています（製造物責任法3条）。製造物責任法の「製造物」とは、製造または加工された動産をいいます。製造物責任法の「欠陥」とは、その製造物の特性、その通常予見される使用形態、その製造業者等がその製造物を引き渡した時期その他のその製造物に係る事情を考慮して、その製造物が通常有すべき安全性を欠いていることをいいます（製造物責任法2条）。各種の住宅建材（合板、接着剤、塗料、壁紙など）の安全性が問題になります。

請負契約による欠陥住宅の責任追及の相手方と法律構成の要点
　①　請負人に対する瑕疵修補請求（民法634条1項）

Q5——請負契約による欠陥住宅（注文住宅）の責任追及は、どうするのですか

② 請負人に対する損害賠償請求（民法634条2項）
③ 請負人に対する契約解除請求（民法635条・条文上は否定）
④ 住宅の品質確保の促進等に関する法律（以下「品確法」という）による請負人に対する瑕疵修補請求（品確法87条）
⑤ 品確法による請負人に対する損害賠償請求（品確法87条）
⑥ 請負人に対する民法415条の債務不履行による損害賠償請求（通説は否定）
⑦ 請負人や下請けに対する民法709条の不法行為による損害賠償請求
⑧ 代表者の不法行為による請負会社に対する損害賠償請求（民法44条）
⑨ 従業員の不法行為による請負会社に対する損害賠償請求（民法715条）（従業員には建築士も含まれます。従業員個人への請求も可能）
⑩ 設計・監理を委託した建築士に対する民法415条の債務不履行による損害賠償請求（建築士の名義貸しは不法行為とされる場合があります）
⑪ 株式会社の取締役に対する商法266条の3に基づく損害賠償請求
⑫ 公務員の建築主事の不法行為による自治体に対する損害賠償請求（国家賠償法1条1項）
⑬ 製造物責任法による製造業者等に対する損害賠償請求（製造物責任法3条）

Q6 売買契約による欠陥住宅（建売住宅）の責任追及は、どうするのですか

1　建売住宅に対する責任追及の方法

　売買契約とは、当事者の一方（売主）がある財産権（住宅所有権）を相手方（買主）に移転することを約束し、相手方（買主）が、その代金を支払うことを約束する契約をいいます（民法555条）。売買契約の成立に契約書の作成は必要ではありませんが、実際には建売住宅の売買では詳細な契約条項を定めるのが通常です。

　売主（販売業者）に対する欠陥住宅の責任追及の主な方法には、①売買契約に基づく瑕疵担保責任の追及、②売主またはその従業員の不法行為に基づく責任追及のほか、③建設業者の不法行為に基づく責任追及、④仲介をした宅地建物取引業者への責任追及などがあります。

　これらの責任追及は、裁判所の手続（民事訴訟）によって行われますが、まず、裁判外で「住宅の品質確保の促進等に関する法律」に基づいて欠陥の補修をさせることが先決です。民事訴訟では、責任の認められやすい者で支払能力のある者を被告とします。

2　売買契約に基づく欠陥住宅の責任追及

　売買契約による欠陥住宅（建売住宅）の責任追及に関して民法は次のように規定しています。

(1)　売主の瑕疵担保責任（欠陥から生ずる責任）として、民法570条は、売買の目的物（建売住宅）に「隠れた瑕疵」があるときは、買主は、その瑕疵の存在を知った時から1年内に、①隠れた瑕疵により売買契約をした目的を達することができない場合は売買契約を解除することができますが、②損害賠償請求をすることもできるとしています。

　　「隠れた瑕疵」とは、買主が通常要求される程度の注意をしていても発見できない瑕疵（欠陥）をいいます。買主が瑕疵（欠陥）の存在を知らず、かつ、知らないことに過失のないことが必要です。

(2)　売買契約の解除または損害賠償請求は、買主が、「隠れた瑕疵」の存在

を知った時から1年内にすることが必要です。

> 売買契約による欠陥住宅（建売住宅）の責任追及
> ① 売主に対する買主の契約解除権の行使（民法570条）
> ② 売主に対する買主の損害賠償請求権の行使（民法570条）

① 民法上は、瑕疵補修（修繕）請求権の行使は認められないが、平成12年4月1日以降に売買契約をした新築住宅では、買主の売主に対する瑕疵補修請求権が認められている（以下の3参照）。
② 売主の瑕疵担保責任は、過失がなくても負う無過失責任とされている。
③ 瑕疵による代金減額請求権（値引させる権利）については規定はないが、学説は認められるとする。
④ 請負と比較すると(a)補修請求は請負ではできるが、売買ではできない。(b)契約解除は請負ではできないが、売買ではできる。ただし、平成12年4月1日以降の売買契約による新築住宅には以下の3の特則がある。

3　「住宅の品質確保の促進等に関する法律」による責任追及

「住宅の品質確保の促進等に関する法律」には、売主の瑕疵担保責任の特例が次のように規定されています。この法律は、平成12年4月1日以降に売買契約のなされた新築住宅に適用されます。

(1) 新築住宅の売買契約においては、売主は、買主に引き渡した時（その新築住宅が住宅新築請負契約に基づき請負人から売主に引き渡されたものである場合にあっては、その引渡しの時）から10年間、「住宅の構造耐力上主要な部分」または「雨水の浸入を防止する部分」として政令で定めるものの「隠れた瑕疵」について、民法570条において準用する民法566条1項ならびに民法634条1項および2項前段に規定する担保の責任を負うとしています（住宅の品質確保の促進等に関する法律88条）。つまり、買主は、引渡時から10年間は、①契約解除権または損害賠償請求権（民法566条1項）に加え、②瑕疵修補請求権（民法634条1項）を行使することができるほか、③瑕疵の修補に代わる損害賠償または瑕疵の修補請求とともに損害賠償請求権（民法634条2項前段）を行使することができます。請負契約に認められていた修繕請求や修繕に代わる損害賠償請求なども、新たに認められたのです。

(2) 上の住宅の構造耐力上主要な部分等については、住宅の品質確保の促進等に関する法律施行令 6 条に規定されています（請負契約〔注文住宅〕の場合と同様に）。

　(a)　住宅の構造耐力上主要な部分

> ①　住宅の基礎、基礎ぐい、壁、柱、小屋根、土台、斜材（筋かい、方づえ、火打材料その他これらに類するもの）、床版、屋根版または横架材（はり、けたその他これらに類するもの）であって、
> ②　その住宅の自重もしくは積載荷重、積雪、風圧、土圧もしくは水圧または地震その他の振動もしくは衝撃を支えるもの

　(b)　住宅のうち雨水の浸入を防止する部分

> ①　住宅の屋根もしくは外壁またはこれらの開口部に設ける戸、わくその他の建具
> ②　雨水を排除するため住宅に設ける排水管のうち、その住宅の屋根もしくは外壁の内部または屋内にある部分

(3) 上記(1)の規定に違反する特約（契約）で買主に不利な契約は無効となります。

4　建設業者の責任追及

　建売住宅（売買契約）の場合には、買主と建設業者との間には契約関係がないので、建設業者の責任は民法709条の不法行為の損害賠償責任の問題となります。建設業法では、「建設業者は、施工技術の確保に努めなければならない」と規定されており（建設業法25条の25）、建築基準法は「建築物の敷地、構造、設備および用途に関する最低の基準」を定めているものですから（建築基準法1条）、建設業者は、この最低限度の技術基準を守る義務があります。従って、建設業者がこの義務に違反した場合は、民法709条の不法行為の規定に基づいて損害賠償責任を負うことになります。

　建設業者の従業員の不法行為については、その建設業者が民法715条の使用者責任を負うことになりますが、従業員個人も民法709条の一般の不法行為責

任を負うことになります。建設業者が下請け・孫請けを使用した場合でも元請けの建設業者が責任を負います。

5 売主が欠陥を知っていた場合は？

建売住宅（売買契約）の場合には、売主は、瑕疵（欠陥）のない住宅を引き渡す義務がありますから、売主が欠陥のあることを知っていたり、欠陥を容易に知ることができたにもかかわらず過失により知らなかった場合には、売主は、売買契約上の責任のほかに、不法行為責任を負うことになります。

建売住宅の売主には専門的知識を有する者として、その建物が建築基準法に規定する最低限度の技術基準を満たしているか否かを調査する義務があるので、その義務を怠り欠陥住宅を販売した場合には、売主は、買主に対して不法行為責任を負います。

売主が、宅地建物取引業者の場合には、次のような制約がなされています。
(1) 宅地建物取引業者は、自ら売主となる宅地または建物の売買契約において、その目的物の瑕疵を担保すべき責任に関し、民法570条において準用する民法566条3項に規定する期間（1年内）についてその目的物の引渡しの日から2年以上となる特約をする場合を除き、民法566条に規定するものより買主に不利となる特約をしてはならないとされています（宅地建物取引業法40条1項）。つまり、買主に不利な契約は禁止されているのです。
(2) 上の(1)の規定に反する特約は無効とされます（宅地建物取引業法40条2項）。従って、瑕疵（欠陥）があっても損害賠償や契約解除を認めないような特約は無効とされます。つまり、買主に不利な契約は無効となるのです。

6 その他に責任追及のできる相手方

その他に責任追及のできる相手方には、①設計・工事監理をした建築士、②仲介をした宅地建物取引業者、③販売会社の代表者、④商法266条の3に基づく取締役、⑤公務員の建築主事の不法行為では自治体、⑥欠陥商品の製造者などあります。

> 売買契約による欠陥住宅の責任追及の相手方と法律構成の要点
> ① 売主に対する契約解除請求（民法570条）
> ② 売主に対する損害賠償請求（民法570条）

③　住宅の品質確保の促進等に関する法律（以下「品確法」という）による売主に対する瑕疵修補請求（品確法88条）
④　品確法による売主に対する契約解除請求（品確法88条）
⑤　品確法による売主に対する損害賠償請求（品確法88条）
⑥　代表者の不法行為による販売会社に対する損害賠償請求（民法44条）
⑦　従業員の不法行為による販売会社に対する損害賠償請求（民法715条）（従業員には建築士も含まれます。従業員個人への請求も可能）
⑧　設計・監理をした建築士に対する民法709条の不法行為による損害賠償請求（建築士の名義貸しは不法行為とされる場合があります）
⑨　株式会社の取締役に対する商法266条の3に基づく損害賠償請求
⑩　公務員の建築主事の不法行為による自治体に対する損害賠償請求（国家賠償法1条1項）
⑪　製造物責任法による製造業者等に対する損害賠償請求（製造物責任法3条）

Q7 債務不履行責任と不法行為責任とは、どう違うのですか

1 債務不履行とは

　債務不履行とは、債務者（債権者に対して行為をする義務を負う者）が正当な理由がないのに債務の本旨（債務の本来の目的）に従った給付（行為）をしないことをいいます（民法415条）。例えば、①建売住宅の売主が契約した期限までに住宅を買主に引き渡さない場合、②注文住宅の建築請負業者が注文者との契約の通りに建築しないような場合です。債務不履行責任とは、契約に基づいて生ずる債務（債権者に対して一定の行為をする義務）を履行しない場合に債務者の負う責任をいいます。

　債務不履行責任は債権者・債務者の関係にある者（契約当事者）の間で発生しますが、不法行為責任は契約関係にない者の間で生じます。例えば、不法行為責任とは、①運転者Aが前方不注意により交差点で他人Bの自動車に衝突させて自動車を壊した場合のAの責任、②建売住宅の売主でないが、建設をした建築会社Xやその従業員Yの法令違反行為があった場合のX・Yの責任をいいます。

　債務不履行（契約不履行）には、①履行遅滞、②履行不能、③不完全履行の3つの態様があります。
(1)　履行遅滞とは、履行が可能であるのに履行期を経過した場合をいいます。
(2)　履行不能とは、債権の成立後に履行することが不可能となった場合をいいます。
(3)　不完全履行とは、履行はなされたが、その履行が不完全な場合をいいます。
　履行遅滞の場合は、履行を強制できるほか、債権者には損害賠償請求権や契約解除権が発生します。履行不能や不完全履行で履行できない場合は、履行の強制はできませんが、債権者には損害賠償請求権や契約解除権が発生します。

　債権の消滅時効（行使されない権利を消滅させる制度）の期間は、一般の債権では10年とされています（民法167条1項）。

　民法は契約の類型として売買契約、請負契約など13種類の類型を規定していますが、契約の類型によって債務不履行の一般規定（民法415条）の特則を規定

しています。例えば、請負契約には注文者の瑕疵修補請求権を認めるが、売買契約の買主には認めないとか、売買契約の瑕疵は「隠れた瑕疵」であることを要するなどの特則があります。本章Ｑ５とＱ６の欠陥住宅に関する売買契約や請負契約で述べた通りです。

2　不法行為とは

　不法行為とは、故意または過失によって他人の権利を侵害する行為をいいます（民法709条）。債務不履行責任が契約当事者の間で生じるのに対して、不法行為責任は契約関係にない者の間で生じます。例えば、不法行為責任とは、上例のような建売住宅の売主でない建築会社Ｘやその建築会社の従業員（建築士など）Ｙの法令違反行為があった場合のＸやＹの責任をいいます。

　一般の不法行為が成立するには、次の要件を満たすことが必要です。
（1）　損害が故意または過失によって発生したこと
（2）　加害行為が違法であること
（3）　加害者に責任能力（法律上の責任を理解できる能力）があること
（4）　加害行為と損害発生との間に因果関係があること

　不法行為が成立することによって、加害者は、被害者に対して損害を賠償する責任を負います。この責任を不法行為責任といいます。被害者の加害者に対する損害賠償請求権が発生するのです。

　複数の者が共同の不法行為によって他人に損害を加えた場合は、各自が連帯してその賠償責任を負うことになります。共同行為者の中の誰がその損害を加えたのか分からない場合も各自が連帯して賠償責任を負います。不法行為者を教唆した者（そそのかした者）や幇助した者（助けた者）も共同行為者とみなされます。

　例えば、建売住宅の売主でない違法行為をした建築業者Ｘ、その建築会社の代表者Ｙ１、雇用されている建築士Ｙ２がいる場合は、Ｘ、Ｙ１、Ｙ２は共同不法行為者となり各自が連帯して賠償責任を負うことになります。「連帯して」とは、不真正連帯債務（いずれかが全部の債務を履行すれば、他の債務者の債務も消滅する関係。この場合はＸだけが債務を履行することも考えられます。）となることをいいます。

　不法行為による損害賠償請求権の消滅時効（行使されない権利を消滅させる制度）の期間は、①被害者または法定代理人（親権者、後見人など）が損害および

加害者を知った時から3年、②知らなかった場合でも不法行為の時から20年とされています（民法724条）。

3　債務不履行責任と不法行為責任の違いは？

債務不履行責任と不法行為責任とを対比すると、次のような違いがあります。

	債務不履行 （契約不履行）	不法行為
基本的な性格	債権者・債務者の関係（契約関係）にある者の間でのみ発生する責任	契約関係がなく加害者・被害者の関係があれば誰との関係でも発生する責任
故意・過失の立証責任	債務者（加害者）にある	被害者（債権者）にある
消滅時効の期間	債権を行使することができる時から10年	損害と加害者を知った時から3年、不法行為の時から20年
損害賠償の範囲	債務不履行によって通常発生する範囲内の損害だが、特別の事情により生じた損害は当事者が予見または予見できた場合の損害	規定はない
過失相殺	「責任と金額」を定めるについて「斟酌する」	「額」を定めるについて「斟酌することができる」
損害賠償債権による相殺の可否	可能	加害者からの相殺は不可

(1)　損害賠償の範囲は、債務不履行の場合は次のように規定されています。
　①　損害賠償請求の範囲は、普通は、債務不履行によって通常生ずる範囲内の損害の範囲となります（民法416条1項）。

② 特別の事情（例えば、転売目的で住宅を買うことを知っている場合）によって生じた損害では、債務者が予見しまたは予見することができたときは、債権者は、その損害の賠償を請求することができます（民法416条2項）。

　この①②とも、債務不履行と相当因果関係にある損害の範囲に限られます。「風が吹けば桶屋が儲かる」式に因果関係を拡大すると債務者に酷になるからです。

(2)　不法行為の損害賠償の範囲については規定はないものの民法416条を類推適用して加害行為と相当因果関係の範囲にある損害の賠償に限られると解されています。例えば、大正15年5月22日の大審院連合部判決があります。

(3)　過失相殺とは、債務不履行や不法行為による損害賠償において債権者や被害者にも過失がある場合に損害賠償の責任や金額を定めるについて過失の程度を斟酌することをいいます。債務不履行の場合に、債務不履行に関し債権者に過失のあるときは、裁判所は、損害賠償の「責任および金額」を定めるにつき必ず「斟酌する」こととしています（民法418条）。

　一方、不法行為の場合に、被害者に過失があるときは、損害賠償の「額」を定めるにつき「斟酌することができる」と規定されています（民法722条1項）。

(4)　債務が不法行為によって生じたときは、債務者は相殺（債権と債務を対等額において消滅させること）することはできません（民法509条）。債務不履行の場合は可能です。不法行為の場合には、現実の弁済をさせる必要があるからです。

(5)　損害賠償の方法は、別段の約束のない場合は、債務不履行も不法行為も金銭で支払うこととされています（民法417条・722条1項）。

(6)　一つの事実が債務不履行と不法行為の両方の要件を満たす場合（例えば、タクシー運転手の過失で乗客がケガをした場合の運送契約上の債務不履行責任とケガをさせたことによる不法行為責任）は、①いずれかを選択して請求できるとする説（判例）と②契約関係のある場合には不法行為を選択できないとする説があります。①説による場合、一般に債権者には債務不履行の構成のほうが有利になります。

4　欠陥住宅訴訟での債務不履行責任と不法行為責任

債務不履行責任や不法行為責任を追及するには、結局、裁判上の手続（民事

訴訟手続）による必要がありますが、本章Ｑ５の注文住宅の場合も、Ｑ６の建売住宅の場合も、①契約関係にある者の違法行為に対しては債務不履行責任を追及し、②契約関係にない者の違法行為に対しては不法行為責任を追及することになります。

　例えば、建売住宅が欠陥住宅であった場合は、買主は、①契約関係にある売主に対して債務不履行責任を追及するほか、②その欠陥住宅を建築した会社やその会社の従業員（建築士など）の違法行為（建築基準法違反など）に対して不法行為責任を追及することになります。

Q8 欠陥による損害賠償請求のできる範囲は、どうなりますか

1 注文住宅の欠陥の場合

請負契約による欠陥住宅（注文住宅）の場合は、請負人（請負業者）の瑕疵担保責任として、①注文者の瑕疵修補（修繕）請求権と②注文者の損害賠償請求権が認められています（民法634条）。

(1) 注文者は、注文住宅に瑕疵（欠陥）があるときは、請負人に対して相当の期間を定めて、その瑕疵の修補（修繕）を請求することができます。しかし、瑕疵が重要でない場合に修補に過分の費用を要するときは修補請求はできないとされています（民法634条1項）。この瑕疵は、請負人の過失によって生じたものであることは必要ではなく、売買の場合のような「隠れた瑕疵」であることも必要ではありません。

(2) 注文者は、瑕疵の修補（修繕）に代えて損害賠償請求をすることができますが、瑕疵の修補と併せて損害賠償請求をすることもできます（民法634条2項）。

(3) 請負人の瑕疵担保責任の損害賠償請求のできる範囲は、①信頼利益（瑕疵の不存在を信頼したことによって被った損害）に限らず、②履行利益（契約の内容の通りに履行された場合に、債権者が得たであろう利益）にも及びます。

(4) 損害の範囲は、住宅の瑕疵（欠陥）と相当因果関係（行為と損害との間の因果関係が無限に広がらないよう相当な範囲に制限すること）にある全損害に及びます。

(5) 注文者の損害賠償請求権は住宅の引渡しを受けた時から5年以内に行使する必要がありますが、石造り・土造り・煉瓦造り・金属造りの場合は10年とされています。

(6) 平成12年4月1日以降の請負契約による新築住宅では、「構造耐力上主要な部分」および「雨水の浸入を防止する部分」については、住宅の引渡しを受けた時から10年間担保の責任（損害賠償責任・瑕疵修補責任）を負うこととされています（住宅の品質確保の促進等に関する法律87条）。

2　注文住宅の欠陥で損害賠償請求ができる範囲

　注文住宅の瑕疵（欠陥）と相当因果関係にある範囲の損害の主な例には次のものがあります。
(1)　修補（修繕）期間中の代わりの住宅の賃貸料（修補期間中の住宅に住めない場合に請求できます）
(2)　(1)を請求する場合の2回分の引っ越し費用（欠陥住宅からの引っ越しと修繕完了後の引っ越しの2回分）
(3)　建築士に依頼した「建物調査報告書」の作成費用
(4)　弁護士費用（法律相談費用のほか、民事訴訟を提起する場合の訴訟代理の費用）
(5)　行政書士費用（内容証明郵便作成費用その他の照会文書作成費用など）
(6)　休業損害（店舗併用住宅や賃貸住宅の場合の休業による損害）
(7)　慰謝料（欠陥住宅による精神的苦痛に対する精神的損害）
(8)　取り壊し建て替えを請求する場合の取り壊し費用、建て替え費用、不動産取得税、表示登記の費用、保存登記の費用、住宅ローンの抵当権設定登記費用、火災保険料、契約書印紙代、固定資産税、住宅ローン既払金利、建築士の工事監理費用、など
(9)　雑費（上に含まれない交通費その他の各種の雑費）

3　建売住宅の欠陥の場合

　売買契約による欠陥住宅（建売住宅）の場合は、買主は、売買の目的物である住宅に隠れた瑕疵（買主に気づかれ得ない欠陥。例えば、基本構造部分の金物を欠いている場合）があったときは、1年以内に、契約を解除したり損害賠償請求をすることができます（民法570条）。
(1)　売買の目的物である住宅に隠れた瑕疵（欠陥）がある場合は、売主は、瑕疵担保責任（瑕疵に生じた責任）を負いますが、買主は、①瑕疵によって売買契約をした目的を達することができない場合は契約を解除することができますし、②その他の場合は損害賠償請求をすることができます。しかし、契約の解除も損害賠償請求も、買主が瑕疵の存在を知った時から1年内にする必要があります（民法570条・566条）。
(2)　2000年（平成12年）4月1日以降の売買契約による新築住宅では、「構造耐力上主要な部分」および「雨水の浸入を防止する部分」については、住宅の引渡しを受けた時から10年間担保の責任（損害賠償責任・瑕疵修補責任・契約

解除)を負うこととされています(住宅の品質確保の促進等に関する法律88条)。
(3) 売主の瑕疵担保責任の性質については、①瑕疵(欠陥)のある住宅を給付しても売主の債務の履行は完了したとされるので、買主の保護や売買の信用性保護の見地から法定責任を認めたものであるとする法定責任説と、②瑕疵があれば不完全履行というべきであり民法570条は民法415条の一般の債務不履行の特則を規定したものであるとする債務不履行説(契約責任説)とがあります。通説・判例は、①説であり、損害賠償請求の範囲は、信頼利益の範囲としていますが、②説では履行利益の範囲としています。

4 建売住宅の欠陥で損害賠償請求ができる範囲

　建売住宅の瑕疵(欠陥)の損害賠償の範囲は、売主の瑕疵担保責任の性質についての考え方により差異が生じています。上に述べた①法定責任説によると、買主の損害賠償請求のできる範囲は、(a)信頼利益(瑕疵の不存在を信頼したことによって被った損害)に限られ、(b)履行利益(契約の内容の通りに履行された場合に、債権者が得たであろう利益)には及ばないとしています。つまり、①法定責任説によると、売主は、特定の住宅を買主に移転することに尽きるので、瑕疵のある住宅でもそれを給付すれば債務の本旨(債務の本来の目的)に従った履行となり債務不履行の問題は生じないので、信頼利益(瑕疵の不存在を信頼したことによって被った損害)に限られるとされています。
　一方、②債務不履行説によると、瑕疵があれば不完全履行であるから、買主には、瑕疵のない完全な履行を請求する権利があり、瑕疵修補請求権も認められ、損害賠償の範囲も(a)信頼利益に限られず、(b)履行利益(契約の内容の通りに履行された場合に、債権者が得たであろう利益)にも及ぶとしています。この場合は、住宅の瑕疵(欠陥)と相当因果関係(行為と損害との間の因果関係が無限に広がらないよう相当な範囲に制限すること)にある全損害に及ぶとしています。ただ、判例は法定責任説をとっています。
　民法上は、売主の瑕疵担保責任に基づく瑕疵修補請求権は認められないとするのが通説ですが、判例では、瑕疵修補費用相当額の損害賠償(瑕疵修補に代わる損害賠償)を認めた例もあります。しかし、住宅の品質確保の促進等に関する法律88条では、2000年(平成12年)4月1日以降の売買契約による新築住宅については、「構造耐力上主要な部分」および「雨水の浸入を防止する部分」については、住宅の引渡しを受けた時から10年間、瑕疵担保責任(損害賠償責

任・瑕疵修補責任・契約解除）を負うこととされています。

　民法と住宅の品質確保の促進等に関する法律による住宅の瑕疵担保責任については、次のように異なります。

	民法の規定	住宅品質確保促進法の特例
請負契約の瑕疵担保責任	①瑕疵修補請求 ②損害賠償請求	①瑕疵修補請求 ②損害賠償請求
売買契約の瑕疵担保責任	①損害賠償請求 ②契約解除請求	①瑕疵修補請求 ②損害賠償請求 ③契約解除請求
瑕疵担保期間	①請負契約では5年。石造り、土造り、煉瓦造り、金属造りの場合は10年 ②売買契約では、買主が瑕疵の存在を知った時から1年以内	構造耐力上主要な部分および雨水の浸入を防止する部分については、10年（その他の部分については民法の規定の通り）
瑕疵の範囲の制限	制限なし。ただし、請負契約の場合は、瑕疵が重要でなく修補に過分の（不相応の）費用を必要とする瑕疵は除く。 売買契約では「隠れた瑕疵」に限る。	構造耐力上主要な部分および雨水の浸入を防止する部分に限る（建物の基本構造部分に限定される） ただし、売買契約では基本構造部分の「隠れた瑕疵」に限る。
瑕疵により滅失または毀損した場合の担保責任の存続期間	①請負契約では、瑕疵により滅失または毀損した時から1年以内 ②売買契約では、事実の存在を知った時から1年以内	①請負契約では、瑕疵により滅失または毀損した時から1年以内 ②売買契約では、事実の存在を知った時から1年以内

5　建て替え費用相当額の損害賠償請求は認められるか

　建て替え費用相当額の損害賠償請求が認められるか否かについては両説があります。

(1)　請負人の瑕疵担保責任に基づく損害賠償請求で建て替え費用相当額の損害賠償請求が認められないとする否定説は、次のように主張しています。

　① 建物の瑕疵により契約の目的を達することができない場合でも、建物については契約の解除ができないので（民法635条但し書）、建て替え費用相当額の損害賠償請求を認めると解除を認めたのと同様の結果となる。

　② 建て替え費用相当額の損害賠償を受けながら、建て替えない場合は、建物の二重取りになる。

　③ 建物は減価償却して行くが、建て替え費用相当額の損害賠償請求を認めると新築建物を取得するのと同じになるので不当に利得をすることになる。

(2)　請負人の瑕疵担保責任に基づく損害賠償請求で建て替え費用相当額の損害賠償請求が認められるとする肯定説は、次のように主張しています。

　① 請負契約の解除と建て替え費用相当額の損害賠償請求とは別のことであり、重大な欠陥のある建物を存続させることは危険であり、建て替えに社会経済的な損失もない。

　② 重大な欠陥のある建物の経済価値はなく、不当に利得することはない。

　③ 経済価値のない欠陥住宅には減価償却を問題にできない。

(3)　裁判例においても、建て替え費用相当額の損害賠償請求が認められるとする判決も多数存在します。

Q9 民事訴訟を提起する場合は、どんな準備が必要ですか

1 民事訴訟の準備で必要なもの

　民事訴訟を提起する者を原告といい、相手方を被告といいますが、まず、原告の主張（言い分）を立証（言い分が正しいことを証明すること）する証拠を収集する必要があります。

　証拠には、①物的証拠（物証）と②人的証拠（人証）とがあり、①物証には、文書（書証といいます）、場所、その他の物があり、②人証には、証人、鑑定人、当事者本人があります。

　裁判官の五官の作用によって取り調べることができるこれらの証拠を証拠方法といいます。

　証拠方法として準備する主なものは次の通りです。書証（証拠の文書）は写しを裁判所へ提出しますが、提出通数は裁判所用１通と相手方数です。原告本人の控えもとっておきます。相手方が１社（１人）の場合は、写しを３通作成します。

(1)　一級建築士の作成した「建物調査報告書」
(2)　売買契約の場合は不動産売買契約書
(3)　請負契約の場合は住宅建築請負契約書
(4)　設計図書（工事用の各種図面類）の中の必要部分
(5)　仕様書（工事材料の明細、数量、内容説明、工事手順その他の一切の必要事項を記載した書類）の中の必要部分
(6)　建築確認申請書の副本の中の必要部分
(7)　原告から被告への照会書
(8)　被告から原告への回答書
(9)　欠陥箇所に関する国土交通省の告示の必要部分
(10)　被告が会社の場合は会社登記簿謄本（裁判所へ原本１通を提出）
(11)　領収書（建物調査報告書作成費用、その他）
(12)　見積書（取り壊し費用、再築費用、引越費用、再築中の家賃、登記費用、その他）

2　弁護士を依頼する場合

　弁護士を依頼しない場合は、自分で民事訴訟に協力してもらえる一級建築士を探す必要がありますが、「建物調査報告書」を作成した一級建築士に依頼するようにします。

　本人訴訟ができない場合は、弁護士を探しますが、欠陥住宅訴訟をした経験のある人に依頼することにします。その場合は、弁護士が以前に依頼した一級建築士がいるはずですから別の建築士を探す必要はありません。

　弁護士に依頼する場合は、弁護士費用（弁護士報酬）や訴訟費用（収入印紙その他）の金額をよく聞いておく必要があります。弁護士に依頼する場合は、民事訴訟に関する一切の権限を委任する旨を記載した弁護士の準備した「委任状」用紙に署名・押印をして弁護士へ渡すことになります。

　弁護士会の制定していた弁護士報酬規程は2004年（平成16年）4月から廃止されましたが、旧規程の報酬額によると、例えば、経済的利益の額が2千万円の場合は100万円前後、3千万円の場合は160万円前後、4千万円の場合190万円前後の着手金（最初に支払う全体の3分の1の金額）を最初に支払います。弁護士に不正があった場合などは、いつでも弁護士を解任することができますが、実際には、着手金の返還を求めることは困難です。

3　弁護士を依頼しない場合

　弁護士を依頼しない場合は、次に、訴状を作成する必要があります。訴状とは、民事訴訟を提起する場合に、最初に裁判所へ提出する書面です。訴状の作り方の詳細は第3章で述べますが、以下には、どのような理論構成（法律構成）をするかについて述べることとします。民事訴訟の手続で本人訴訟が困難と言われる場面は、①訴状の作成と②証人に対する反対尋問（証人申請をした者の相手方からの証人への質問）とされていますが、訴状の作成は民事訴訟の手続の中でも証拠の提出とともにもっとも重要な作業です。

　訴状には法律の定める事項を記載することとされていますが、もっとも重要な記載事項は「請求の趣旨」と「請求の原因」です。

(1)　「請求の趣旨」には、原告がその訴えの提起によりどのような内容の判決を求めるのかを記載します。一般に原告が勝訴した場合の判決の主文に対応する次例のような文言が用いられます。

> 第1　請求の趣旨
> 　1　被告は、原告に対し、金4321万5678円及びこれに対する本訴状送達の日の翌日から支払済みまで年5分の割合による金員を支払え。
> 　2　訴訟費用は被告の負担とする。
> 　3　仮執行宣言

①　請求の趣旨に記載した金額を訴訟物の価額（訴額）といい、裁判の手数料の収入印紙額を決定する基準となります。例えば、上例では、15万2000円分の収入印紙を提出する必要があります。遅延損害金（上例の年5分）は関係ありません。

②　訴訟費用とは、訴えの提起の際の収入印紙代、証人の日当や旅費、切手代などの費用をいい、弁護士費用（弁護士報酬）は含まれません。日本の民事訴訟は本人訴訟が原則だからです。ただ、欠陥住宅訴訟のような専門的技術的訴訟では弁護士に依頼する必要性が認められる場合もありますから、原告の損害として弁護士報酬相当額を請求することができます。

③　仮執行宣言とは、判決が確定する前に強制執行をすることができる効力を与える裁判をいいます。被告の上訴（控訴や上告）によって判決の確定が引き延ばされる不利益を考慮して付けられる場合があります。

(2)　「請求の原因」には、原告の請求を特定するのに必要な事実を記載します。これによって審判の対象を明確にさせるのです。請求の原因の書き方は決まっていませんが、一般に欠陥住宅訴訟では次例のような事項が記載されます。

> 請負契約（注文住宅）の場合
> 第2　請求の原因
> 　1　当事者
> 　2　請負契約の成立
> 　3　本件建物の瑕疵
> 　4　原告の損害
> 　5　被告の責任
> 　6　結論

> 売買契約（建売住宅）の場合
> 第2　請求の原因
> 　1　当事者
> 　2　売買契約の成立
> 　3　本件建物の瑕疵
> 　4　原告の損害
> 　5　被告の責任
> 　6　結論

4 どのような理論構成で請求するのか

　過去の裁判例から見て、どのような理論構成（法律構成）によって損害賠償請求などをしているかを、『判例時報』（判例時報社発行）、『判例タイムズ』（判例タイムズ社発行）、『消費者のための欠陥住宅判例』（民事法研究会発行）の中から特徴的をものを見て行きます。これらの資料は、都道府県立図書館、大きな都市の公立図書館、大学図書館などで閲覧できます。

(1)　建売住宅に欠陥があったとして売主に全面的な建替費用等の支払義務を認めた例（神戸地裁昭和61年9月3日判決、判例時報1238号118頁）

　① 法律構成は、売主（宅地建物取引業者）に対して、(a)不法行為、(b)債務不履行、(c)瑕疵担保責任に基づく建物の取壊し建替費用等1236万円余の損害賠償請求をした。

　② 判決は、本件建物の損傷は不等沈下に起因するもので宅地造成をした業者の基礎工事の不十分さが原因であると認定し、発注者である売主は新築住宅を売る以上は、工事に瑕疵がないかどうかを調査点検する注意義務があるとして、買主は、(a)売買契約における瑕疵なき建物を給付すべき債務の履行として瑕疵修補を請求できるし、(b)修補が行われても償われない損害につき債務不履行（不完全履行）に基づく損害賠償請求ができるとして約1018万円の損害賠償を認めた。

(2)　鉄骨造4階建建物の設計・工事監理・施工上の瑕疵が認定され請負人とともに建築士事務所・建築士の損害賠償責任が認められた例（大阪地裁昭和62年2月18日判決、判例時報1323号68頁）

　① 法律構成は、請負人に対しては(a)債務不履行ないし(b)請負人の担保責任に基づき補修費用（再築費用）、鑑定調査費用、慰謝料、弁護士費用等の損害賠償請求をしたほか、建築士に対しては(c)建築士法違反として民法709条の不法行為により、設計監理会社に対しては(d)民法44条（法人の不法行為能力）または民法715条（使用者責任）により損害賠償請求をした。

　② 判決は、本件建物の瑕疵を認め、請負人については請負人の担保責任に関する規定により不完全履行の一般理論は排斥されるとして民法634条（請負人の担保責任）により損害賠償責任を認めた。建築士も監理会社も過失により注文者の財産権を侵害したので民法709条（会社は民法44条）の賠償責任を認めた。

(3) 3階建共同住宅に手抜き工事があり安全性が欠けるとして施工業者に損害賠償責任が認められた例（神戸地裁姫路支部平成7年1月30日判決、判例時報1531号92頁）

　① 法律構成は、施工業者に対して、(a)不法行為責任（民法715の使用者責任）、(b)債務不履行責任、(c)瑕疵担保責任のいずれかに基づき（選択的主張）再施工費用等の約4340万円の損害賠償請求をした。

　② 判決は、民法715条（使用者責任）に基づき約2765万円の損害賠償責任を認めた。

(4) 木造2階建て住宅の瑕疵につき請負人に建替費用相当額の損害賠償や鑑定費用などが認められた例（大阪地裁昭和59年12月26日判決、判例タイムズ548号181頁）

　① 法律構成は、請負人に対して、(a)瑕疵の修補に代わる損害賠償請求権、(b)請負人の故意の不法行為に基づく損害賠償請求権、(c)請負人の従業員である建築士の設計監理の過失による民法715条（使用者責任）に基づく損害賠償請求権、(d)請負契約の債務不履行に基づく損害賠償請求権の各請求権の選択的主張をして建替費用その他の約1600万円の損害賠償請求をした。

　② 判決は、建替費用相当額のほか、建築士の調査鑑定費用、慰謝料、弁護士費用の損害賠償責任を認めた。

(5) 木造2階建て住宅の瑕疵につき請負人に不完全履行の責任の認められた例（横浜地裁昭和50年5月23日判決、判例タイムズ327号236頁）

　① 法律構成は、請負人に対し、工事未完成のため請負代金の支払義務は発生していないと争うとともに、不完全履行による損害賠償請求をした。

　② 判決は、工事は完成したとして、請負人の不完全履行の責任は免れず、修補工事費、建物の価値逸失額、慰謝料、裁判資料収集のための鑑定料の損害を認めた。

(6) 木造軸組2階建ての新築建売住宅の敷地や基礎構造に欠陥のある場合（大阪地裁平成10年7月29日判決、消費者のための欠陥住宅判例第1集4頁以降）

　① 法律構成は、(a)売主Aに対して債務不履行または不法行為、(b)建設業者B（売主と請負契約をした者）に対して不法行為、(c)建築士C（監理者として署名し監理をしない者）に対して不法行為を原因として約6136万円の損害賠償請求をした。

　② 判決は、Aに対する請求は棄却、BとCに対して約6002万円余を認容

した。損害の範囲としては、(a)取壊し・再築費用、(b)造園費用、(c)建具補修費用、(d)雨樋補修費用、(e)建築士の調査鑑定費用、(f)地盤調査費用、(g)引越費用、(h)代替建物の賃料、(i)登記費用、(j)慰謝料、(k)弁護士費用を認めた。

(7) 木造軸組２階建ての新築建売住宅に構造上の欠陥のある場合（神戸地裁平成９年８月26日判決、消費者のための欠陥住宅判例第１集38頁以降）
　① 法律構成は、(a)売主に対して瑕疵担保責任、(b)建築業者に対して不法行為を原因として約5183万円の損害賠償請求をした。
　② 判決は、売主と建築業者の瑕疵担保責任、建築業者の不法行為責任を認めて、約4466万円の損害賠償責任を認めた。

(8) 木造軸組３階建ての新築建売住宅に構造上の欠陥のある場合（大阪地裁平成12年９月27日判決、消費者のための欠陥住宅判例第２集４頁以降）
　① 法律構成は、主位的請求として(a)売主（宅地建物取引業者）Ａに対して瑕疵担保責任による契約解除、売買代金の返還と損害賠償、(b)売主の代表者Ｂ・施工業者Ｃ・名義貸しをした建築士Ｄの３名に対して共同不法行為による損害賠償の各請求をした。予備的請求として、(a)売主（宅地建物取引業者）Ａに対して瑕疵担保責任に基づく取壊し建替費用相当額の損害賠償、(b)売主の代表者Ｂ・施工業者Ｃ・建築士Ｄの３名に対して共同不法行為による損害賠償の各請求をした。請求額は、約4152万円とした。
　② 判決は、売主に対する解除の請求を認め、慰謝料・弁護士費用を減額したほかは請求の通りに約3974万円を認めた。売主の代表者Ｂの不法行為責任を認めたが、施工業者Ｃ・建築士Ｄの不法行為責任は否定した。
　③ 控訴審判決（大阪高裁平成13年11月７日判決、消費者のための欠陥住宅判例第２集22頁以降）では、売主Ａと代表者Ｂに対しては一審判決とほぼ同様に約3924万円の支払いを命じたが、施工業者Ｃ・建築士Ｄについても予備的請求を認めて不法行為の成立を認めた。

(9) 過去の裁判例や学説を整理すると、概ね次のような法律構成がとられています。

　１　請負契約による注文住宅の場合
　　(1)　注文者から請負人（建築業者）に対する請求
　　　①　請負人に対する瑕疵（欠陥）の修補請求

② 請負人に対する瑕疵修補に代わる損害賠償請求
　　③ 請負人に対する瑕疵修補請求に併せた損害賠償請求
　　④ 請負人に対する債務不履行による損害賠償請求
　　⑤ 請負人に対する不法行為（民法709条・一般不法行為）による損害賠償請求
　　⑥ 請負人に対する不法行為（民法715条・使用者責任〔注：不法行為の一場合で、従業員の不法行為につき使用者が責任を負う場合〕）による損害賠償請求
　(2) 注文者から建築士（設計監理）に対する請求
　　① 建築士に対する不法行為（民法709条・一般不法行為）による損害賠償請求
　　② 建築士に対する不法行為（民法715条・使用者責任）による損害賠償請求
　　③ 建築士に対する債務不履行による損害賠償請求
　(3) 商法266条の3による建築会社の取締役に対する損害賠償請求（本章Q5の7の(2)）
　(4) 平成12年4月1日以降の請負契約による新築住宅については、住宅の品質確保の促進等に関する法律87条による「住宅の構造耐力上主要な部分」および「雨水の浸入を防止する部分」の瑕疵についての請負人に対する瑕疵修補請求・損害賠償請求

2　売買契約による建売住宅の場合
　(1) 買主から売主に対する請求
　　① 売主に対する瑕疵担保責任による契約解除の請求
　　② 売主に対する瑕疵担保責任による損害賠償請求
　　③ 売主に対する瑕疵担保責任による瑕疵修補請求
　　④ 売主に対する不法行為による損害賠償請求
　　⑤ 売主に対する債務不履行による損害賠償請求
　(2) 買主から建築業者に対する請求
　　① 建築業者に対する不法行為（民法709条・一般不法行為）による損害賠償請求
　　② 建築業者に対する不法行為（民法715条・使用者責任）による損

害賠償請求
　(3)　買主から建築士（設計監理）に対する請求
　　①　建築士に対する不法行為（民法709条・一般不法行為）による損害賠償請求
　　②　建築士に対する不法行為（民法715条・使用者責任）による損害賠償請求
　(4)　平成12年4月1日以降の売買契約による新築住宅については、住宅の品質確保の促進等に関する法律88条による「住宅の構造耐力上主要な部分」および「雨水の浸入を防止する部分」の瑕疵についての売主に対する瑕疵修補請求・損害賠償請求・契約解除請求

3　その他
　(1)　注文者から建築主事の自治体に対する国家賠償法による損害賠償請求
　(2)　買主から建築主事の自治体に対する国家賠償法による損害賠償請求
　(3)　買主から仲介業者に対する債務不履行による損害賠償請求
　(4)　買主から仲介業者に対する不法行為による損害賠償請求

　（注）例えば、売主の瑕疵担保責任に基づく契約解除（2─(1)─①）、売買代金の返還および損害賠償（2─(1)─②）を請求をした場合に、これが認められない場合のために瑕疵担保責任に基づく取壊建替費用相当額の損害賠償請求をする場合がありますが、先順位の請求を主位的請求といい、後順位の請求を予備的請求といいます。

5　判決書を読む場合のポイント

「判例時報」や「判例タイムズ」に掲載されている判決書を読む場合のポイントは、おおむね次の通りです。
　(1)　判決書の様式は決まっていませんが、おおむね次例のような様式になっています。

平成14年（ワ）第987号　損害賠償請求事件

口頭弁論終結日　平成16年6月7日

判決

〇県〇市〇町〇丁目〇番〇号
　　　　　　　　　　　原告　　〇〇〇〇
　　　　　同訴訟代理人弁護士　〇〇〇〇

〇県〇市〇町〇丁目〇番〇号
　　　　　　　　　　　被告　　〇〇建設株式会社
　　　　　代表者代表取締役　　〇〇〇〇
　　　　　同訴訟代理人弁護士　〇〇〇〇

主文

1　被告は、原告に対し、金4321万5678円及びこれに対する平成14年3月8日から支払済みまで年5分の割合による金員を支払え。
2　訴訟費用は、被告の負担とする。
3　この判決は、1項に限り、仮に執行することができる。

事実及び理由

第1　請求（当事者の求めた裁判）
1　被告は、原告に対し、金4789万1234円及びこれに対する平成14年3月8日から支払済みまで年5分の割合による金員を支払え。
2　訴訟費用は、被告の負担とする。
3　仮執行宣言

第2　事案の概要
　1　争いのない事実　　　　　（省略）
　2　争点　　　　　　　　　　（省略）
　3　争点に関する原告の主張　（省略）
　4　争点に関する被告の主張　（省略）

第3　当裁判所の判断
　1　本件建物の瑕疵について（争点1について）　　（省略）

```
  2　被告の不法行為について　（争点2について）　　（省略）
  3　原告の損害について　　　（争点3について）　　（省略）

第4　結論（省略）
                                    ○○地方裁判所第○民事部
                              裁判長裁判官　　○○○○
                                  裁判官　　○○○○
                                  裁判官　　○○○○
```

(2) 判決書を読む場合のポイントは、次の通りです。ただ、『判例時報』や『判例タイムズ』では、掲載に当たり一部が省略されています。

① 判決書の構成を確認します。一般に上例のようになっていますが、裁判官によって異なる場合があります。

② 判決書の最初に平成○年（ワ）第○○○号のような事件番号と損害賠償請求事件のような事件名が記載されています。その次に口頭弁論終結日が記載されています。判決の言い渡しは、事件が複雑である場合その他特別の事情がある場合を除き、口頭弁論終結日から2カ月以内に言い渡す必要があります。

③ 次に当事者（原告と被告）の氏名・名称・住所と訴訟代理人弁護士の氏名が記載されています。

④ 次に「主文」が記載されます。判決の結論を示す部分です。原告の全面勝訴の場合は記載例のように原告の訴状の「請求の趣旨」と同様に記載されます。

⑤ 次に「事実及び理由」として、(a)請求、(b)事案の概要、(c)裁判所の判断、(d)結論の順序で記載されます。

　(a) 請求には、訴状の請求の趣旨が記載されます。判決書では「当事者の求めた裁判」として訴状の「請求の趣旨」と「請求の原因」が記載される場合もあります。欠陥住宅訴訟の法律構成は、「請求の原因」に記載されています。

　(b) 事案の概要には一般に上の記載例のような内容が記載されます。争いのない事実とは、原告と被告の間の主張に争いのない事実をいいます。争点とは、原告と被告の間の主張に争いのある事実をいいます。

(c)　裁判所の判断には、争点に関する裁判所の判断が記載されます。この部分が判決の理由となります。裁判所の認めた法律構成ですから、この部分を参考にします。

　(d)　結論とは、裁判所の判断の結論部分が記載されます。

⑥　最後に担当した裁判官の氏名が記載されますが、合議制で審理された場合は３人の裁判官、単独制の場合は１人の裁判官の氏名が記載されます。合議制は、複雑な事件と考えられた場合にとられます。

Q10 訴訟費用と弁護士費用は、どのくらいかかりますか

1 訴訟費用はどのくらいかかるか

訴訟費用とは、①裁判費用と②当事者費用をいいます。弁護士費用は含まれません。

(1) 裁判費用とは、訴えを提起する場合の裁判の手数料である収入印紙代、証人の日当や旅費、鑑定人の日当や旅費、裁判所外での証拠調べの際の裁判官の出張旅費、郵便による送達（法律の定める方法による書類の交付）の郵便料金などをいいます。

訴えの提起の際の裁判の手数料である収入印紙の額は「訴訟の目的の価額」に応じて高額になります。訴訟の目的の価額（訴額）とは、訴訟の経済的利益の価額をいいます。例えば、住宅の取り壊し建て替え費用相当額として3千万円の損害賠償請求をする場合は、3千万円が訴訟の目的の価額（訴額）となります。訴額の金額や算定方法は「民事訴訟費用等に関する法律」に規定しています。訴えの提起の収入印紙額その他の手数料は、平成16年1月1日から改正されました。

訴えの提起の場合の収入印紙額の一部を例示すると次の通りです。

> 訴訟の目的の価額が、100万円の場合は、 1万円
> 訴訟の目的の価額が、200万円の場合は、 1万5千円
> 訴訟の目的の価額が、300万円の場合は、 2万円
> 訴訟の目的の価額が、500万円の場合は、 3万円
> 訴訟の目的の価額が、 1千万円の場合は、 5万円
> 訴訟の目的の価額が、 2千万円の場合は、 8万円
> 訴訟の目的の価額が、 3千万円の場合は、11万円
> 訴訟の目的の価額が、 4千万円の場合は、14万円
> 訴訟の目的の価額が、 5千万円の場合は、17万円
> 訴訟の目的の価額が、 1億円の場合は、32万円
> 訴訟の目的の価額が、 2億円の場合は、62万円

① 控訴（一審が地方裁判所の場合は高等裁判所への上訴）をする場合の収入印紙額は、訴状の1.5倍となります。
　　② 上告（二審が高等裁判所の場合は最高裁判所への上訴）をする場合の収入印紙額は、訴状の2.0倍となります。
(2)　当事者費用とは、当事者（原告と被告）が訴訟の準備や追行(ついこう)のために自ら支出する費用のうち「民事訴訟費用等に関する法律」に規定する費用をいいます。例えば、当事者の作成する訴状・準備書面・書証の写し・翻訳書類などの作成費用（用紙1枚につき最高裁判所の定める額）、当事者の口頭弁論期日に出頭するための旅費などがあります。
　訴訟費用（裁判費用や当事者費用）は、原則として敗訴者の負担とされています。
　弁護士費用は、訴訟費用（裁判費用や当事者費用）には含まれません。日本の民事訴訟では、弁護士強制主義は採用されておらず、弁護士に依頼するかどうかは本人の自由とされているからです。

2　弁護士費用はどのくらいかかるか

　弁護士費用（弁護士報酬）は、従来は弁護士会の報酬規程で上限額・下限額・標準額を決めていましたが、各士業（行政書士、社会保険労務士、司法書士など）の報酬規程が独占禁止法の公正かつ自由な競争を促進する目的に反するとして順次廃止されてきたのに伴って、弁護士報酬規程も2004年（平成16年）4月からは廃止されています。従って、弁護士報酬は、各弁護士が自由に決められることになっています。しかし、当分の間は、従来の弁護士報酬規程が一応の基準になるものと思われます。
　従来の弁護士報酬規程では、弁護士報酬は次のように7つに区分されていました。
　　① 着手金とは、訴訟代理人を依頼する場合のように、事件の性質上、委任事務処理の結果が成功するかどうかが分からない場合に受任時に受ける金銭をいいます。報酬額全体の3分の1の金額となります。
　　② 報酬金とは、着手金を受けた場合に、その結果の成功の程度に応じて受ける金銭をいいます。全部成功した場合は、着手金の2倍になります。
　　③ 日当とは、事務所所在地を離れ、移動に往復2時間以上を拘束された

場合に支払う金銭をいいます。

④　法律相談料とは、依頼者に口頭（電話を含む）で行う場合の料金をいいます。

⑤　書面による鑑定料とは、書面による法律上の判断または意見の表明の料金をいいます。通常の場合では、10万円以上30万円以下とされていました。

⑥　手数料とは、1回程度の手続で終わる事務処理の料金をいいます。

⑦　顧問料とは、契約によって継続的に行う一定の法律事務の料金をいいます。

以上のほか、交通費、宿泊料その他の実費が必要になります。別に訴訟費用（収入印紙、郵便切手、その他）も必要になります。

3　着手金の額は？

従来の弁護士報酬規程の「着手金」の標準額・上限・下限は、次のようになっていました。

経済的利益の額が100万円の場合は10万円（上限10.4万円）
経済的利益の額が200万円の場合は16万円（下限11.2万円、上限20.8万円）
経済的利益の額が300万円の場合は24万円（下限16.8万円、上限31.2万円）
経済的利益の額が500万円の場合は34万円（下限23.8万円、上限44.2万円）
経済的利益の額が1千万円の場合は59万円（下限41.3万円、上限76.7万円）
経済的利益の額が2千万円の場合は109万円（下限76.3万円、上限141.7万円）
経済的利益の額が3千万円の場合は159万円（下限111.3万円、上限206.7万円）
経済的利益の額が4千万円の場合は189万円（下限132.3万円、上限245.7万円）
経済的利益の額が5千万円の場合は219万円（下限153.3万円、上限284.7万円）
経済的利益の額が1億円の場合は369万円（下限258.3万円、上限479.7万円）
経済的利益の額が2億円の場合は669万円（下限468.3万円、上限869.7万円）

4　報酬金の額は？

従来の弁護士報酬規程の「報酬金」の標準額・上限・下限は、次のようになっていました。

経済的利益の額が100万円の場合は16万円（下限11.2万円、上限20.8万円）
経済的利益の額が200万円の場合は32万円（下限22.4万円、上限41.6万円）

経済的利益の額が300万円の場合は48万円（下限33.6万円、上限62.4万円）
経済的利益の額が500万円の場合は68万円（下限47.6万円、上限88.4万円）
経済的利益の額が1千万円の場合は118万円（下限82.6万円、上限153.4万円）
経済的利益の額が2千万円の場合は218万円（下限152.6万円、上限283.4万円）
経済的利益の額が3千万円の場合は318万円（下限222.6万円、上限413.4万円）
経済的利益の額が4千万円の場合は378万円（下限264.6万円、上限491.4万円）
経済的利益の額が5千万円の場合は438万円（下限306.6万円、上限569.4万円）
経済的利益の額が1億円の場合は738万円（下限516.6万円、上限959.4万円）
経済的利益の額が2億円の場合は1338万円（下限936.6万円、上限1739.4万円）

Q11 民事訴訟以外の解決方法には、どんなものがありますか

1 民事調停の手続を利用する場合

(1) 民事調停とは、民事に関する紛争（損害賠償請求、欠陥の修繕請求その他）について当事者の互譲により、条理にかない実情に則した解決を図ることを目的とした民事調停法による制度をいいます（民事調停法1条）。

民事調停は、当事者の話し合いによって、お互いが譲り合って実情にかなった納得のいく解決ができる点に特色がありますが、ただ、お互いが譲り合って合意をする必要がありますから、必ずしも民事調停によって解決するとは限りません。民事調停によって解決しない場合には、最終的には民事訴訟によって解決することになります。

室内の仕上げ、設備の欠陥などで補修費用もあまりかからない場合には、民事調停を利用することができる場合もありますが、構造上の欠陥その他の補修に多大の費用を必要とするような場合には利用しても無駄に終わります。そのような場合は、民事調停の手続を経由すると時間の無駄になりますから、直ちに民事訴訟を提起する必要があります。

(2) 民事調停の申立は、管轄の簡易裁判所に調停申立書を提出します。民事調停は、裁判官である調停主任1人と民間から選ばれた民事調停委員2人以上で構成する調停委員会が行いますが、例外として裁判官が相当であると認めるときは、裁判官だけで調停を行うこともできます。しかし、当事者の申立がある場合は、調停委員会で調停を行う必要があります（民事調停法5条）。

(3) 民事調停申立書を提出する際には、調停の手数料としての収入印紙や裁判所の指定する枚数の郵便切手も提出します。収入印紙額は「民事訴訟費用等に関する法律」に規定していますが、民事訴訟の訴えの提起に必要な額の半額以下になっています。調停が不成立の場合に2週間以内に民事訴訟を提起するときは、民事調停で納付した収入印紙額が控除されます。

(4) 裁判所や調停委員会の呼び出しを受けた事件の関係人（相手方など）が、正当な理由がなく出頭しない場合は、裁判所は5万円以下の過料（刑罰でない制裁）の制裁を科すことにしています。しかし、相手方が調停を成立させ

る意思は一切ない旨の主張をすると1回で調停不成立となりますから、2週間以内に民事訴訟を提起することができる準備をしておく必要があります。

2 建設業法に基づく建設工事紛争審査会を利用する場合

(1) 建設業法では、建設工事の請負契約に関する紛争の解決を図るために「建設工事紛争審査会」を設置することとしています。建設工事紛争審査会は、建設業法の規定によって建設工事の請負契約に関する紛争について、斡旋、調停、仲裁を行う権限を有することとされています。建設工事紛争審査会には、中央建設工事紛争審査会と都道府県建設工事紛争審査会とがあり、前者は国土交通省に置かれ、後者は都道府県に置かれます。

(2) 中央建設工事紛争審査会は、当事者の一方のみが建設業者であって、国土交通大臣の許可を受けたものであるときなどの紛争処理を管轄します。都道府県建設工事紛争審査会は、当事者の一方のみが建設業者であって、当該都道府県知事の許可を受けたものであるときなどの紛争処理を管轄します。申請は書面で行う必要があり、申請手数料も必要になります。

(3) 建設業法25条以下の建設工事紛争審査会は、消費者保護の観点から設けられた制度ではなく、裁判所のような厳格な手続も経ないので、消費者に不利な判断がなされる危険性があります。特に仲裁判断は確定判決と同一の効力を有するので、基本構造上の欠陥その他の補修に多大の費用を必要とするような場合には民事訴訟の厳格な手続による必要があります。

3 住宅の品質確保の促進等に関する法律に基づく住宅性能評価住宅の場合

(1) 住宅の品質確保の促進等に関する法律では、国土交通大臣は、日本住宅性能表示基準や住宅性能の評価方法の基準を定めることとされていますが、これらの基準に基づいて建築された住宅には住宅性能評価書が交付されます。住宅性能の評価の実務は、各都道府県ごとに国土交通省の指定する「指定住宅性能評価機関」が行います。

(2) 住宅性能評価書の交付を受けた住宅の欠陥などの紛争の解決については、指定住宅紛争処理機関に対して斡旋、調停、仲裁の申立をすることができます。指定住宅紛争処理機関は各地の弁護士会にあります。指定住宅紛争処理機関を利用できる者は、欠陥住宅の建築主（注文者）や買主に限らず、建築業者や売主も利用できます。費用はあまりかかりませんが、訴訟のような厳

格な手続をとりませんから、あまり期待しないのが無難です。

4　示談により解決する場合

(1)　示談とは、当事者がお互いに譲り合って紛争を解決する契約をいいます。一般に示談は、民法上の和解契約と同様のものと考えられています。民法では、「和解は、当事者が互いに譲歩をなして、その間に存する争いを止めることを約するによりて、その効力を生ず」と規定しています（民法695条）。

(2)　和解契約が成立するためには、次の要件を満たすことが必要です。
　　① 　当事者の間に争いが存在すること
　　② 　当事者が互いに譲歩をして争いを止めること
　　③ 　当事者の間に合意が成立すること

(3)　和解によって確定された事項は、たとえ真実に反していても、当事者は、和解の内容に拘束されます。

(4)　欠陥住宅に関する示談交渉は、(a)専門家の建築業者や売主と(b)素人の注文者や買主とが交渉することになりますから、素人には当然に不利になります。相手方の建築業者にとっては、示談交渉中は補修工事もしませんし、示談交渉にいつまでかかっても何らの損害も受けませんから、いつまで経っても解決しない可能性があります。業者側では示談交渉を長引かせて何ら解決しなくてもいいわけですから、示談交渉は、専門的技術的知識のない素人の注文者や買主が行うには無理があります。示談には終わりがないのですが、民事訴訟には終わりがあります。多少、時間がかかっても、結局は、民事訴訟で解決するのが無難といえます。

第2章●欠陥住宅の主な「欠陥原因」には、どんなものがありますか

Q12 雨漏りの原因には、どのようなことが考えられますか

1 雨漏り

　雨漏りは欠陥住宅の最も多い事例ですが、その原因の解明は困難な場合も多く、何回も修繕を繰り返してもその原因が分からない場合も多いのです。ただ、新築住宅で雨漏りのするような欠陥住宅には、その他の欠陥も多いものです。以下には、典型的な雨水の浸入の防止について述べることとします。

　雨水の浸入箇所としては、住宅の屋根や壁からの浸入が考えられますが、まず、屋根面からの雨水の浸入について原因を考えます。屋根の形状は大別すると①勾配のついた三角形の屋根と②屋根面が平らな陸屋根があります。

2 勾配のついた屋根の場合（付録1参照）

　勾配のついた屋根は、一般に、瓦葺き、天然スレート葺き、金属板葺きなどの各種の材料が使われますが、それらの材料を重ね合わせて雨水を早く屋根面から排水するようにしています。次のように屋根面の工事に問題がある場合には雨水が浸入します。

(1)　勾配がゆるい場合は、重ね合わせの部分から雨水が浸入します。瓦屋根の勾配は、10分の4以上（1mにつき40cmの高さとする勾配）が必要ですし、金属板葺きの場合は10分の2以上が必要です。

(2)　屋根の材料（瓦その他）の割れ、ずれによって雨水が浸入します。材料の割れやずれが起きる原因は、施工中の不注意によるもの（施工不良）、住宅完成後の台風・雪・地震などによるもの、屋根を人が歩いた場合などの人為的なものがあります。

(3)　台風などの暴風雨の場合には、屋根の材料は重ね合わせだけですので、雨水が瓦材の下に浸入する場合があります。一般に瓦材の下に貼ってある止水シート（アスファルトルーフィングなど）によって雨水の浸入を防止するようになっていますが、止水シートの重ね不足や下から上へ重ねて貼っていない場合は雨水の浸入の原因となります。

(4)　屋根の谷の部分（屋根と屋根とのV字型の接続部分）は瓦材を重ねること

ができないので、板金（薄い鉄板を曲げて加工したもの）で雨水を受けるようにしますが、板金加工の不良や重ね不足のある場合には雨水が浸入します。

(5) 屋根と屋根の間で雨水を建物内部の内樋（うちどい）で受けている場合は、樋が雨水を受けるのに十分な大きさと勾配がない場合は雨水があふれて漏水をします。樋には、建物外部の軒先に取り付ける外樋（そとどい）と建物の内側に付ける内樋がありますが、内樋を作らないことが肝要です。樋の清掃を怠る場合も漏水をします。

(6) 下屋（げや）（外壁の途中から屋根が出ている部分）の屋根と外壁の取り合い部分（接合部分）において止水シートの外壁への巻き上げが不足している場合（付録1の★A）には雨水が浸入します。板金で施工している場合も外壁への巻き上げがない場合は雨水が浸入します。下屋端部の破風（はふ）（屋根の端につけた風切り板）の取り付け元の止水シート切れによって雨水が浸入します。（付録1の★A）

(7) 天窓（採光のため屋根に開けた窓）を屋根面に付けている場合は取り付け方法がむずかしく十分に設置されていない場合は雨水が浸入します。設計上の問題と施工上の問題があり、補修が困難です。

3　陸屋根の場合（付録2参照）

陸屋根（ろくやね）（ほぼ水平の屋根）は人が歩けるような平らな屋根ですから、雨水は屋根面に施工された防水材のみによって浸入を防ぐことになります。雨の多い日本には不向きな屋根形状といえます。陸屋根の場合は、雨漏りの原因が分かりにくいのが特徴です。

(1) 屋根スラブ（平面の床）の勾配の少ない場合は雨水の浸入が多発します。勾配は、アスファルト防水（動植物性繊維で作られたフェルトにアスファルトをしみ込ませた材料を使用した防水工法）の場合は50分の1（1mにつき2cmの高さとする勾配）ないし100分の1、シート防水（屋根用防水シートを使用する工法）と塗膜防水（合成樹脂などの液体状の屋根用防水材を使用する工法）の場合は20分の1ないし50分の1が必要です。

(2) 陸屋根の防水工法には、①アスファルト防水、②シート防水、③塗膜防水、④ＦＲＰ（ガラス繊維強化樹脂）防水などの工法がありますが、工法の選定を誤ると雨水の浸入の原因となります。屋上の形状、広さ、屋上工作物の有無などにより適切な工法を選択する必要があります。特にゴムシート防

水の場合は、シートの貼り合わせ部分の不良により雨水が浸入します。

(3) 陸屋根は平らな屋根なので、排水ドレン(漏斗、付録2参照)のゴミ詰まりによって排水ができなくなった場合は、プールのような状態になり防水材の外周部巻き上げ高さの不足のある場合(巻き上げの高さは30センチ以上は必要)や巻き上げ上端の防水押えの不良がある場合には、雨水が浸入します。

(4) 陸屋根の屋根面の雨水は屋根面の一番低い部分でルーフドレン(屋根用排水漏斗)から樋を通して排水することになりますが、ルーフドレン(鋳鉄製が多い)と防水材との接着不良によって雨水が浸入します。防水の工法によってドレン(漏斗)の形状が異なりますから、専用のものを使用する必要があります。ドレンの設置数や口径は、大雨の場合の雨量を想定して計算する必要がありますが、その地域の1時間最大降水量×1.2または1時間降水量100ミリのいずれか多い方を基準として計算します。これが不足している場合は雨水の浸入の原因となります。例えば、ドレンの口径が80ミリの場合には、1時間降水量が100ミリのときは140平方メートルの雨水を処理できる計算になります。

(5) 屋上部分にある設備の基礎部分や看板などの工作物の基礎周りの防水不良によって雨水が浸入します。この場合は基礎の形状の検討や防水の巻き上げ高さの確保、巻き上げ部の上端の固定を確実にすることが必要です。屋上の手摺り壁(パラペット)、設備(例えば、空調室外機)の基礎部分、建物のそれぞれの間は、防水施工のできるように70センチ以上の間隔が必要であって、これが不足している場合は防水施工が不良となり雨水の浸入の原因となります。

(6) パラペット(屋上の外周部の手摺り形状の壁)の上部のコンクリートの割れ目(クラック)や壁材料の隙間から雨水が浸入します。手摺りなどの金物の取り付け部からも雨水が浸入しますから、笠木(笠の役目をする上部カバー)を取り付ける必要があります。パラペットの水切り用あご(出っ張り部)の位置によっては雨水が浸入することも多いのです。

(7) パラペット(屋上の外周部の手摺り形状の壁)の根元部分の防水層が太陽熱による防水層の伸び縮みや防水層を保護する軽量コンクリートが防水層を引っ張ることによって根元部分が切れると雨水が浸入します。根元部分が直角にならないように根元部分に三角形状の緩衝材を入れることが大切です。

(8) 天窓(採光のため屋根に開けた窓)を付けると雨水の浸入の原因になる場

合が多いのですが、天窓の周囲の防水施工が難しいからです。天窓部分からは雨水の浸入だけではなく、ガラス面の結露(けつろ)(水蒸気が水滴になる現象)により漏水の原因にもなります。

4　バルコニーや庇

雨水を受ける平らな部分としてバルコニー(ベランダ)や庇(ひさし)(雨除けや日除けのために出入り口や窓の上部に設ける板)では、次のような雨水の浸入が考えられます。

(1)　バルコニーがL字型になっている場合は、下地材が割れやすく、FRP防水(ガラス繊維強化樹脂)や塗膜防水(液体状の防水材による防水)が施工されていても下地とともに割れて雨水の浸入の原因となります。

(2)　バルコニーとサッシュ(窓枠)との取り合い部分(接合部分)の防水層の巻き上げの高さ不足がある場合は雨水が浸入しますから、バルコニーはサッシュより5センチ以上は下げる必要があります。

(3)　バルコニーや庇の排水溝から雨水を建物側の縦樋(たてどい)に流す場合は、排水溝を深く掘る必要があることから、ドレン(漏斗)回りから漏水する場合があります。

5　外壁面からの雨水の進入

外壁面からの雨水の浸入の原因には、①外壁面にサッシュ(窓枠)などを取り付けた場合と②外壁自体に問題がある場合とがあります。

(1)　外壁面にサッシュ(窓枠)を取り付けた場合

①　サッシュ(窓枠)の下部の水切りの出っ張り部が15ミリ以上出ていない場合は、雨水の浸入の原因になります。

②　コンクリート造りの場合は、コンクリート壁にサッシュ(窓枠)を固定する際にサッシュの周辺をモルタル(セメントと砂を水で練ったもの)で充填(じゅうてん)(トロ詰め)しますが、十分に充填されていない場合は、雨水の浸入の原因になります。

③　コンクリート造りの場合にサッシュ(窓枠)を取り付ける穴(開口部)には建物の外側に雨水の浸入を防止するためのあご(出っ張り)がありますが、このあごを付けていない場合には、雨水が浸入します。あごがある場合でも、あごの厚さが40ミリ以下の場合には欠けやすく、欠けた部分を

補修した箇所から雨水が浸入する場合があります。

④　コンクリート造りの場合に換気扇の外部カバーの取り付け穴が室内側へ傾斜している場合には、雨水の浸入の原因になります。換気扇の排気管が室内側に傾斜している場合も、雨水の浸入の原因になります。

⑤　サッシュ（窓枠）と外壁との取り合い部（接合部）の止水シール（コーキング〔注：シリコンなどの防水性の高い材料で接ぎ目を埋めること〕）の施工不良により雨水の浸入の原因となることがあります。

⑥　設備（水道管、下水管など）や樋などの配管が外壁面に出ている箇所の止水シール不良、配管の周囲のモルタル充填不良が雨水の浸入の原因になります。

(2)　外壁自体に問題がある場合

①　コンクリート造りの外壁に幅0.3ミリ以上のクラック（ひび割れ）がある場合には、雨水の浸入の原因になります（付録4参照）。とくにコンクリートの打ち放し仕上げ（コンクリート素地のままの仕上げ）の場合にはクラック（ひび割れ）が起こりやすいのです。コンクリートは水で練ったものなので、乾燥による微細なひび割れ（0.2ミリ以下のヘアークラック）は欠陥とはいえません。

　0.3ミリ以上のクラック（ひび割れ）が起きている場合は、建物の構造上の欠陥がある場合があります。コンクリートの品質の悪い場合にも、クラックが発生します。コンクリートの強度は、水とセメントの混合比によって決まりますから、コンクリート工場出荷後に工事現場で水を加えたりするとコンクリートの強度が低くなりクラックの原因となります。その他にも、コンクリートの壁内に打ち込んだ電線管や給水管を覆っている（かぶり）コンクリートの不足、鉄筋を覆っている（かぶり）コンクリート不足（厚さ25ミリ以上が必要）が原因のクラックもあります。クラックは、止水効果のある弾性の吹きつけ塗装によって、ある程度は雨水の浸入を防止することができます。

②　木造や鉄骨造りの外壁にモルタル（セメントと砂を水で練ったもの）を塗った壁（ラスモルタル壁）の場合は、モルタルのクラック（ひび割れ）によって雨水が浸入します。しかし、モルタル自体がひび割れしやすいので、モルタルの下に止水シートを張って雨水の浸入を防止するようにしていますが、止水シートを張っていない場合や止水シートの重ね合わせが不十分

な場合には雨水が浸入します。
　③　木造や鉄骨造りの外壁にサイディング（彩色石綿板）、ＡＬＣ板（発泡させたコンクリート板）、押し出しセメント成型板などの工場製作の既製品を使用した場合には、板と板との間のジョイント部分（接続部分）の止水シール（コーキング）の施工不良によって雨水が浸入することがあります。その他にも、板自体のそり、ひび割れがある場合には雨水が浸入します。既製品ですから、その商品の取り付け方の仕様書の通りに取り付けていない場合には雨水が浸入します。板の下部に水切りが付けられていない場合も、雨水が浸入します。

6　雨漏りの原因箇所の特定

雨漏りの原因箇所を特定するには、次のような調査が必要です。
(1)　雨漏りによって濡れている現象は、誰でも容易に発見することができますが、濡れている原因を調査するのは困難な場合が多いのです。雨漏りの原因は、上に述べた通り、多岐にわたっており設計上のミスや施工上のミスが複合的にからみあっており、簡単には特定できない場合が通例ですが、一般的には一級建築士の協力を得て次のような調査を行うことが必要です。
(2)　雨漏りの状況を正確に写真や図面に記録します。設計図書（図面類）や仕様書に基づいて工法（工事方法）や納まり（部材の取り付け具合）を調査します。
(3)　屋上や外壁の調査をします。とくに防水のはがれ、膨れ、屋根材の割れ、外壁のひび割れ・はがれ、水じみ、目地（継ぎ目）止水シール、笠木（笠の役目をする部材）、樋を調査します。
(4)　設計図書（図面類）や仕様書から雨漏りの設計上の原因を調査します。例えば、設計書類上の工事方法は適切か、標準的な納まりになっているか、施工可能な設計になっているか、などを調査します。
(5)　雨漏りの原因は複雑な場合が多いので、先入観を持たずに調査をします。何回調査をしても分からない場合は、別の一級建築士に依頼します。
(6)　原因と想定できる箇所に点検口を開けて内部を調査します。建物の破壊を伴うので点検口は最少限度にします。足場が必要になる場合があります。
　①　雨天時や暴風雨の時にも確認する必要があります。雨がやんだ後に漏水することが多いので、十分に確認をします。

②　晴天時に調査する場合は、ホースで散水をして調査をします。散水量や散水時間が少ない場合は、正確な調査ができません。
③　陸屋根（ほぼ水平な屋根）の場合は、屋上に1日以上水をためてから調査をします。
④　調査器具を使用して調査をします。例えば、(a)漏水箇所から香り付きのガスを圧入し浸入箇所と思われる部分に臭いセンサーを当てて浸入箇所を特定します。(b)赤外線カメラで防水層や外壁部を撮影し周辺より温度の低い部分を特定します。調査器具を使用する調査では、専門家に依頼する必要がありますが、必ずしも欠陥箇所を特定できるとは限りません。

(7)　雨漏りの原因が発見できた場合には、一級建築士に補修計画書の作成を依頼しますが、その場しのぎの止水シール（コーキング）のような安易な対策を取ると、すぐ雨水の浸入が始まり後悔することになります。

(8)　止水シール（シーリング材）に欠陥が多く発生するので、付録3にある①シーリング材の故障状況、②原因の推定、③シーリング材の選定によって点検し、適切な材料や工法を選定する必要があります。（**付録1および付録2の★印の雨漏りしやすい箇所と付録3を参照**）

Q13 設備からの漏水の原因には、どのようなことが考えられますか

1　水道管

　水道管からの漏水は、塩化ビニール水道管の場合ではジョイント（接合部）部分の接着剤の塗布不十分（片側の材料にしか接着剤を付けなかった場合など）や接着剤塗布後のオープンタイム（接着作業の待ち時間）が適切でない場合に接続不良となって起こる場合があります。

　鉄製の水道管の場合では、ジョイント部分のネジを切った部分が腐食しやすく、錆止めの処理がなされていない場合は腐食して漏水が起こります。

2　給水管

　温水を給水する給水管は、耐熱性の塩化ビニール管（あずき色が多い）が多く使用されていますが、耐熱温度は摂氏80度までで100度近い熱湯が出る湯沸器付近では劣化し伸びて膨らみ、結局、破裂して漏水の原因となります。適温まで温度を下げる調整器の取り付けが必要です。

3　下水管

　屋内の下水管が詰まった場合は、排水不良による漏水が起こります。排水管が細い場合、排水管に曲がりが多い場合、空気抜き管が設置されていない場合、排水管の水勾配が100分1（1mにつき1cmの高さの勾配）になっていない場合などの設計上のミス、施工上のミスなどがある場合には、漏水の原因になります。

4　エアコンの排水管

　エアコン（空調機）の排水管にごみやほこりが詰まった場合には漏水が起こります。とくに室内機の排水管は、細く曲がりが多く、壁内に埋め込まれている場合に漏水の原因になります。

Q14 床の傾きの原因には、どのようなことが考えられますか

1 床の傾き

床の傾きは、一般人の場合、千分の5で傾きを感じ、千分の6で傾きを意識し、千分の8で傾きの意識と苦痛が発生し、千分の10以上傾くと気分が悪くなるといわれています。千分の10とは、1メートルに対して1センチの高低差があることをいいます。

床の傾きに関しては、国土交通省の告示（1653号）では3段階で示されていますが、レベル2（千分の3ないし千分の6）以上に補修する必要があります。

2 地盤の傾斜による建物の傾き

地盤のゆるみによって地盤自体の傾斜により建物全体が傾く場合があります。例えば、宅地造成によって斜面を切り取り擁壁（土砂を止める壁）を設けて盛り土をした場合に建物の敷地の中に堅い地盤とゆるい地盤ができますが、建物の重さによって敷地が圧縮され沈下して建物全体が傾斜して床が傾くことになります。

ゆるい地盤の圧密沈下（圧縮されて沈下すること）がある程度おさまり安定するには、宅地造成後10年以上かかります。宅地造成の直後に住宅を建てる場合には、堅い地盤まで杭を打つか、地盤改良（土にセメントを混ぜたりする）する必要があります。そのほか地盤が傾斜する原因には、擁壁（土砂を止める壁）の強度不足により擁壁が外に押されて移動する場合がありますが、重大な設計ミスと言えます。

3 基礎の支持力不足

基礎（建物の重量を地盤に伝える部分）の支持力不足がある場合は、建物が不同沈下（地盤の沈下が不同である場合）をします。地盤調査（ボーリング調査、スウェーデン式サウンディング調査）により地耐力（地盤の支える力）を決定して基礎の大きさを決めることになりますが、地盤調査も行わずに地耐力を仮定で計算した場合は、基礎が沈下して床が傾くことになります。

基礎の強度不足により基礎が割れたりして壊れた場合も床が傾くことになります。基礎のコンクリートや配筋(鉄筋を組むこと)の不良によっても床が傾くことになります。

4 施工不良

施工不良により住宅完成当初から床が傾く場合がありますが、その原因として、①床下の基礎上面の水平高さ(レベル)の不均一により床が傾斜する場合と②床組み自体の上面のレベル不均一による場合があります。いずれも施工不良によるものです。

5 床を支える構造材の強度不足

床を支える構造材の強度や剛性(硬さ)不足により床が傾く場合があります。例えば、2階の床を支える柱、梁の大きさが十分でない場合は、床が傾くことになります。

床材の腐朽により床が傾く場合があります。例えば、1階の床の場合では地面に近く、湿気によって腐りやすいし、白蟻による被害を受ける場合もあります。床下換気や防湿の設計ミスによる場合もあります。

Q15 建物がゆれる原因には、どのようなことが考えられますか

1　建物がゆれる

　木造や鉄骨造の住宅は、鉄筋コンクリート造に比べて剛性(硬さ)が低く、ゆれやすいので、構造部材(材料)の設計では強度だけではなく、変形にも十分注意する必要があるのです。建築基準法施行令には地震力に対する構造耐力上の主要な部分の変形についての規定はありますが、人の感じるゆれは個人差があるので、この規定では問題の解決にはなりません。

　振動には、水平振動(水平方向への振動)と鉛直方向振動(垂直方向への振動)とがあり、一応の許容値は示されていますが、ゆれの感じ方には個人差があり、居住している人の不快感をどこまで「欠陥」とするかむずかしい点があります。

2　ゆれの原因

　建物がゆれる原因には、①外部的な原因と②建物自体による原因とがあります。
(1)　外部的な原因には、①建物外部からの人工的振動(自動車、工場、鉄道など)によるものと②建物外部からの強風、地震などの自然力によるものとがありますが、②は不可抗力によるものであり、①についても原因発生者の責任を追及することは困難です。
(2)　建物自体による原因には、①床の鉛直方向(垂直方向)の上下振動では、大梁・小梁(いずれも屋根や床からの荷重を柱に伝える水平材)のたわみの検討不足がある場合や床スラブ(床版)の剛性(硬さ)不足などの設計上の原因が考えられます。②建物の水平振動(水平方向への振動)では、柱の剛性(硬さ)不足、軸組の筋かいや耐力壁の不足、基礎の支持方法の欠陥が考えられます。

　建築基準法令の規定や制限は、建物の部材(構造物の各部分の材料)の強度に関するもので、ゆれ振動に対する規定や制限はなく、建物の「欠陥」として立証することはむずかしい点があります。建物がゆれる原因は、建物の基本構造上の問題が大半であり、対策には多くの時間と費用を要することになります。

Q16 壁のひび割れの原因には、どのようなことが考えられますか

1 コンクリートの特徴

　ひび割れ（亀裂）のする部分は、モルタル（セメントと砂を水で練ったもの）塗り壁や鉄筋コンクリートの壁が大部分ですが、工場製既製板のサイディング（彩色石綿板）、ＡＬＣ板（発泡させたコンクリート板）、押し出しセメント成型板などの工場製作の既製品を使用した壁にも、ひび割れが起こる場合があります。

　ここでは、壁のひび割れの典型例であるコンクリート壁のひび割れの原因について考えます。コンクリートは、次のようにセメントと細骨材（砂）と粗骨材（砂利）を水で練ったものをいいます。

> セメント＋水＋細骨材（砂）＋粗骨材（砂利）＝コンクリート
> セメント＋水＋細骨材（砂）＝モルタル
> セメント＋水＝セメントペースト

　一般にコンクリートには、次のような特徴があります。利点としては、①腐食しないので、水中や土中にも使用することができます。②耐火性や耐久性に優れています。③圧縮強度が強いなどがありますが、一方、欠点としては、①硬化しやすく乾燥によって収縮します。②引張強度が小さいなどがあります。

2 ひび割れの原因

　コンクリート壁のひび割れ（亀裂）には、①乾燥収縮や温度変化による膨張ひび割れなどの避けられないひび割れと、②施工不良によるジャンカー（セメントペーストが均一に混ざっていない状態）、コールドジョイント（打ち込みの時間差によりできる接着不足の継ぎ目）によるひび割れと荷重に耐えられなくなった構造ひび割れとがあります。ひび割れの幅が0.3ミリないし0.5ミリまでの間は、ある程度で耐久性に影響がありますが、0.5ミリを超える場合は耐久性に重大な影響がある構造的欠陥となります。

　ひび割れの原因を大別すると①コンクリートの品質不良、②コンクリートの

施工不良、③コンクリートの構造上の問題に分けられます。
 (1) コンクリートの品質不良には、①骨材（砂や砂利）の品質不良、②セメントの品質不良、③コンクリート添加剤の問題があります。
　① 骨材（砂や砂利）の品質不良の場合は、(a)アルカリ骨材反応（骨材中の成分とセメントのアルカリ成分とが化学反応を起こして骨材が膨張する現象）によってひび割れが発生します。(b)海砂を使用した場合は塩分による鉄筋の膨張によってひび割れが発生します。
　② セメントの問題点として、(a)乾式製法（日本で行なわれている製法）によりセメント粒子が細かくなり強度は出るもののひび割れしやすくなります。(b)乾式製法によりアルカリ度が強いセメントになります。
　③ コンクリート添加剤の問題として、(a)流動化剤（硬いコンクリートを一時的に柔らかくする添加剤）を添加するとコンクリートが施工中にセメントペーストと骨材に分離することがあります。(b)ＡＥ剤（コンクリートに微細な気泡を入れることにより柔らかくする添加剤）を添加すると耐久性が低下します。
 (2) コンクリートの施工不良の場合には、次のようにひび割れが発生します。
　① 工事現場でのコンクリートへの加水によって強度の低下を起こして、ひび割れが発生します。
　② 工場出荷後90分以上も時間が経ち過ぎた生コンクリートを使用した場合は、ひび割れが発生します。生コンクリートの運搬時間は30分以内が望ましい。
　③ コンクリートの打ち込み時の充填不足により、ひび割れが発生します。例えば、ジャンカー（セメントペーストが回っていない状態）やコールドジョイント（打ち込みの時間差によりできた接着不足の継ぎ目）によって、ひび割れが発生します。
　④ 鉄筋や設備配管のかぶり（かぶっているコンクリートの厚さ）不足によって、ひび割れが発生します。
 (3) コンクリートの構造上の問題として、①基礎の沈下によって設計外の力が加わった場合や②柱・梁・床の設計ミスによって荷重に耐えられなくなった場合には、ひび割れが発生します。

3　ひび割れの発生原因

　一般にコンクリートのひび割れ（亀裂）の主な発生原因には、次のようなこ

とが考えられます。
- (1) 構造に原因がある場合のひび割れ（亀裂）
  - ① コンクリートの強度不足
  - ② 設計以上の外力（積載、地震など）が加わった場合
  - ③ 鉄筋量や斜め補強筋の不足する場合
  - ④ 建物が不同沈下した場合
- (2) 施工不良に原因がある場合のひび割れ（亀裂）
  - ① 長時間の運搬後の生コンクリートを使用した場合
  - ② 打ち込みのポンプ圧送時に加水をした場合
  - ③ 型枠（コンクリートを入れる枠）の早期の取り外し
  - ④ 打継ぎ（打ち込みが2日以上にわたる場合の継ぎ目）の不良
  - ⑤ 急激に乾燥させたり打ち込み後の養生（工事箇所の保護）の不足
  - ⑥ 配筋（鉄筋の配置）や配管のかぶり（かぶっているコンクリート）の厚さの不足
  - ⑦ コンクリートの硬化前の振動、載荷のあった場合
- (3) 材料や調合に原因がある場合のひび割れ（亀裂）
  - ① コンクリートに泥分の多い細骨材（砂）や微砂を使用した場合
  - ② コンクリートに風化石や粘土塊が混入していた場合
  - ③ コンクリートの水分量が多すぎる場合の乾燥による収縮がある場合
- (4) 使用条件や環境条件に原因がある場合のひび割れ（亀裂）
  - ① 建物全体に温度変化による伸縮がある場合
  - ② コンクリート部分が海水の中にあり化学変化がある場合
  - ③ 鉄筋の錆により鉄筋が膨張した場合
  - ④ コンクリート中の水分が凍結したり融解を繰り返した場合

なお、建物の環境条件が外気に接しない場合（コンクリートに塗装をしている場合）は、ひび割れ（亀裂）の幅が0.3ミリ以下は許容範囲とされていますが、建物の環境条件が外気に接する場合（塗装のない場合）は、ひび割れ（亀裂）の幅が0.2ミリ以下が許容範囲とされています。従って、これを超えるひび割れ（亀裂）がある場合は、危険信号と言えます。

付録4のクラックスケール（ひび割れ測定スケール）を使用して、ひび割れの大きさを確定しておきます。

Q17 結露のできる原因には、どのようなことが考えられますか

1　結露とは

　結露(けつろ)とは、空気中の水蒸気が、気温が低下して空気中に飽和できなくなって露を結ぶようになる現象をいいます。結露は、外部サッシ面（窓枠面）、外壁面、天窓、空調機周り、給水管周りなどによく発生します。温度が高いほど多くの水蒸気を空気中に蓄えることができますが、温度が下がることによって、蓄えられなくなった水蒸気が水滴となって温度の低い表面につくことになります。

2　結露の原因

　結露のできる原因には、次のような原因が考えられます。

（1）　断熱材を外壁や屋根面に張っていない場合や隙間がある場合に結露の原因になります。

（2）　金属などの熱の伝わりやすい部分が外気と接している場合（例えば、外部から室内に入るような設備配管や樋など）には結露の原因になります。

（3）　土間コンクリート下に防湿シートを張っていない場合には結露の原因になります。

（4）　サッシ（窓枠）のガラスが一重の場合はガラス面に結露が発生します。サッシに結露皿がない場合は、結露水が壁を伝って流れることになります。

（5）　押し入れの外壁面に断熱材が張っていない場合には結露の原因になります。

（6）　炊事や入浴などで発生した水蒸気が各部屋に流れると結露の原因になります。

（7）　暖房している部屋と暖房していない部屋とがある場合は結露の原因になります。

（8）　壁材が水分を吸水しにくい材質の場合は結露の原因になります。

（9）　暖房器具に石油ストーブやガスストーブなどの水蒸気を発生させるものを使用している場合は結露の原因になります。

⑽　寒冷地で排気ダクト周りを断熱材で覆っていない場合には結露の原因になります。結露の原因の多くは、生活習慣にかかわる場合が多く、すべての対策をとることは困難ですが、住宅の欠陥としては、各部分の断熱材の設置の不良が主な原因となっています。

Q18 カビが多い原因には、どのようなことが考えられますか

1 カビとは

　カビ（黴）とは、温度・湿度・酸素・栄養源の4条件によって発生する菌類のことをいいますが、カビが発生する条件は人間の生活する条件と同じですから、その対策は難しいものです。栄養源の除去としては掃除の回数を増やして生活環境を清潔にします。

　防カビ剤の使用は効果が出る場合もありますが、化学物質によって室内を汚染することになりますから、主な対策としては湿気（湿度）の除去になります。

2 カビの原因

　カビが多い原因には、次のようなことが考えられます。
（1）　床下や室内の換気不足によるカビの発生
（2）　雨漏りや結露による建材（特に断熱材）からの湿気によるカビの発生
（3）　浴室や水回り（台所など）の湿気とタイル・パネルの目地の栄養分によるカビの発生
（4）　室内クロスの張り付けノリの栄養分によるカビの発生
（5）　押し入れ内部の湿気によるカビの発生

　カビが多い原因には、主として換気不足、通風不足、日照不足、断熱材の不足による湿気が原因となりますが、当初の建物設計自体に問題がある場合も多いのです。

Q19 シックハウス症候群といわれる原因には、どのようなことが考えられますか

1　シックハウス症候群とは

　シックハウス症候群とは、室内の汚染された空気が原因で、住んでいる人が目・鼻・のどの傷み、めまい、吐き気などの体調不良をおこす現象をいいます。発散性の化学物質が室内の空気を汚染して体調不良の症状を発生させますが、住宅だけではなくオフィスビルや学校の教室などでも問題になっています。特に新築建物、改装したての建物などで新しい種類の建材を多く使用した建物に発生します。

　規制の対象となった化学物質には、クロルピリホスとホルムアルデヒド（いずれも接着剤の揮発性が高く、刺激臭があり、発がん性が高い化学成分）があります。クロルピリホスを添加した建材は、居室への使用が禁止されています。ホルムアルデヒドを発散する建材については、換気回数に応じた面積制限や換気装置の設置が義務づけられています。建材にはホルムアルデヒド発散等級が決められており、F☆☆☆☆、F☆☆☆、F☆☆に分けられていますから、ホルムアルデヒドの発散しない自然素材を使用するか、F☆☆☆☆の等級の建材を使用する必要があります。ホルムアルデヒドの発散する建材を使用する場合には、十分な換気のできる設備も必要です（平成15年3月27日国土交通省告示第274号）。規制の対象となる化学物質の範囲も今後は拡大されて行くものと思われます。

2　シックハウス症候群の原因

　シックハウス症候群といわれる原因には、次のような原因が考えられます。
(1)　建材、塗料、内装材のほか、施工自体に化学物質を使用している場合
(2)　建材、塗料、内装材に防虫剤、防カビ剤が入っている場合
(3)　室内の換気が十分でない場合

　2000年（平成12年）4月1日施行の「住宅の品質確保の促進等に関する法律」に規定する住宅性能表示制度の「日本住宅性能表示基準」では「空気環境に関する基準」が定められており、ホルムアルデヒドの基準も決められています。

建築基準法第28条の2では、「居室を有する建築物は、その居室内において政令で定める化学物質の発散による衛生上の支障がないよう、建築材料及び換気設備について政令で定める技術的基準に適合するものとしなければならない」と規定しています。この政令（建築基準法施行令第20条の4）で定める化学物質が「クロルピリホスとホルムアルデヒド」で、同施行令第20条の5で「化学物質の発散に対する衛生上の措置に関する技術的基準」が規定されています。

Q20 騒音対策は、どのようにするのですか

1　遮音性能の不足

　欠陥住宅としての遮音性能の不足が問題となりますが、騒音には、①建物外部からの騒音（自動車、電車、工場の操業音、繁華街の騒音など）と、②共同住宅における上下左右からの居住者による騒音とがあります。①建物外部からの騒音を遮音するには、外壁や窓からの騒音を防ぐ構造にする必要がありますが、特にサッシュ（窓枠）については、平成12年4月1日施行の「住宅の品質確保の促進等に関する法律」に規定する住宅性能表示制度の「日本住宅性能表示基準」の「音環境に関する基準」によりサッシュの仕様が表示対象とされています。

　騒音対策としては、外部からの騒音の大きさによって、二重サッシュ、気密サッシュ、ペアガラス入りのサッシュを使用するなど設計上の特別の考慮が必要になります。壁の材質も透過（音が物質を通り抜けること）損失の大きい材料を選択する必要があります。自然の音（雨の音や風の音など）に対しては、屋根材や壁材の選択に注意する必要があります。

2　騒音の原因

　建物の内部から内部への騒音として①床衝撃音と②隣戸間界壁を通る騒音とがあります。

（1）　床衝撃音は、①重量床衝撃音（子供の走り回る音、大人の足音など）と②軽量床衝撃音（椅子、食器、硬貨の落下音など）とに分けられます。

　①　重量床衝撃音は、床重量と床剛性（硬さ）の増加によって防ぐしか方法がありませんので、床がコンクリートの場合は厚みを増すしかありません。一般人が「少し聞こえる」程度の遮音性能に改善するにはコンクリートを20センチ以上の厚さにすることが必要です。

　②　軽量床衝撃音は、音の周波数が高周波に及ぶので、表面の仕上げ材を柔らかい材料で仕上げた材料を使用すると効果があります。床には木質系のフローリング仕上げがなされる場合も多いのですが、木板を直接貼るのではなく、裏面にスポンジ材（ウレタン発泡樹脂）をつけることによって

防音効果を高めることができます。
　JISの騒音等級では、①重量床衝撃音の場合は、うるさいL70（L値は人の感じる騒音の強さの単位）、発生音がかなり気になるL65、よく聞こえるL60、聞こえるL55、小さく聞こえるL50に分かれており、②軽量床衝撃音の場合は、うるさいL65、発生音がかなり気になるL60、よく聞こえるL55、聞こえるL50、小さく聞こえるL45に分かれていますが、社会的に確保されるべき性能としてはL55以下であることが求められています。
　法律上の許容値や基準値は決められていませんから、欠陥住宅の騒音判定は困難です。住宅の設計発注時に遮音性能を示して設計の依頼をするのが望ましいといえます。
(2)　隣戸間界壁（りんこかんかいへき）の遮音性能は、住宅では1級35デシベル（デシベルは騒音の強さの単位）、2級40デシベル、3級45デシベルとされていますが、社会的には2級40デシベル以上の性能が求められています。建築基準法第30条では、「長屋又は共同住宅の各戸の界壁は、小屋裏又は天井裏に達するものとするほか、その構造を遮音性能（隣接する住戸からの日常生活に伴い生ずる音を衛生上支障がないように低減するために界壁に必要とされる性能をいう）に関して政令で定める技術的基準に適合するもので、国土交通大臣が定めた構造方法を用いるもの又は国土交通大臣の認定を受けたものとしなければならない」として最低の基準を規定しています。この政令（建築基準法施行令第22条の3）では、遮音性能に関する技術的基準として次の振動数の音に対する透過損失がそれぞれ右の数値以上があることが必要とされています。
　振動数　125ヘルツの音の場合は、透過損失が25デシベル以上
　振動数　500ヘルツの音の場合は、透過損失が40デシベル以上
　振動数　2千ヘルツの音の場合は、透過損失が50デシベル以上
　建設省告示（1827号）では、遮音性能を有する長屋または共同住宅の界壁の構造方法について定めています。

Q21 その他の「欠陥原因」には、どんなことがありますか

1 その他の設備の欠陥

設備の欠陥として、次のような場合があります。

(1) 排水の流れが悪い原因には、サイズの小さ過ぎる排水管を使用していたり、排水管の勾配を100分の1としていない場合があります。設計に際しては、詰まった場合用の掃除口を設けておく必要があります。

(2) 排水から悪臭がする原因には、①便器と台所や風呂の排水管が短距離で接続されている場合、②エアー抜きが必要な箇所に付けられていない場合、③エア抜き管にドルゴ弁（排気はしなくて吸気のみの弁）で通気を取っていて居室内設備の封水（臭い止め弁の役目をする水）が切れた場合、④排水集合管（排水を集めて螺旋状にきりもみ状態にして流す装置）が使用されていない場合があります。

(3) 水の出が悪い原因には、①サイズの小さ過ぎる給水管を使用している場合、②給水管に曲がりが多い場合、③給水ポンプが不良の場合、④止水バルブ（栓）が不良の場合があります。

(4) 水道の蛇口の栓（開閉装置）がレバー水栓の場合に閉めた時に大きな音（ウォーターハンマー）がする原因は、設計自体にありますが、対策としては、配管の壁への取り付け金具の間隔を短くしたり、防止器具を取り付けると改善されます。

(5) 水道水にゴミ、汚れ、サビが混入している場合の原因は、①受水槽（水道水を溜めておく装置）の定期清掃を怠っている場合、②配管工事のゴミが配管内に残っていた場合、③鉄製の水道管が錆びついている場合、④給水ポンプがこわれている場合が考えられます。

(6) エアコン（空調機）のききが悪い場合の原因には、①部屋の大きさに合わない能力不足の機械を選定している場合、②室外機が異常な高温または低温の場所に設置されている場合、③機械自体の故障、④冷媒（冷やすのに必要な物質）の漏れがあります。

(7) 蛍光灯が暗くなったりチラチラする原因には、①許容電力以上の電力を

使用している場合、②器具自体の不良（インバーターの半導体の不良など）、③配線の接続不良があります。むきだしの電線は危険ですから、確認しておきます。
(8) 換気扇のききが悪い場合の原因には、①排気ダクト（配管）の接続不良、②排気ダクトのつぶれ、③換気扇自体の故障、④ウエザーカバー（雨よけのカバー）内に鳥が巣を作っている場合、⑤室内に吸気ガラリ（換気のために窓に間をすかして斜めに薄板を取り付けた窓）がなく吸気不足となっている場合があります。

2 　計画や設計の欠陥
計画や設計の欠陥として、次のような初歩的ミスがあります。
(1) 　廊下が狭く、曲がっていて家具が搬入できない。
(2) 　ドアの開き勝手が逆になっている。
(3) 　階段下で、よく頭を打つ。
(4) 　収納場所が少ない。家具を置ける場所がない。
(5) 　電気のコンセントの位置が悪い。コンセントの数が少ない。
(6) 　床に段差のある場所が多い。
(7) 　太陽熱を吸収する「熱線吸収ガラス窓」の内側についたてのような壁状の物を置くと、ガラスと物の間に熱がたまりガラスが割れることがある。

3 　構造の欠陥
構造の欠陥として、次のような場合があります。
　柱・梁・耐力壁・基礎などの建物の基本構造部分の欠陥は、表面上からは見えない部分であることから発見が困難ですが、建物の安全にかかわる重大なことですから、次のような現象を見逃さずに早期に対応することが必要です。
(1) 　コンクリート壁に0.3ミリ以上の亀裂（クラック）がある場合
(2) 　内部壁のクロスのたるみ、しわ、切れなどが発生した場合（下地が動いている可能性もあります。例えば、ツーバイフォー工法（木造枠組壁工法）のコーナー部の組み合わせパネルの一方の下がりが原因の場合があります）
(3) 　床の振動、床鳴り、床の傾きがある場合
(4) 　梁（屋根を支えるため横に渡した材木）が下がったことにより建具の開閉に支障の出た場合、建具枠と扉の間に斜めの隙間ができた場合

第3章●
民事訴訟の手続は、どのようにするのですか

Q22 民事訴訟の仕組みは、どのようになっているのですか

1　民事訴訟の仕組み

　民事訴訟とは、私たちが社会生活を営む中から生ずる紛争を裁判所が法律を適用して解決する手続をいいます。ここでは、欠陥住宅に関する損害賠償請求訴訟を中心に説明します。

　民事訴訟の対象となる紛争の種類は無数にありますが、民事訴訟の仕組みは簡単で、①まず、「事実」があって、②その事実に法律を適用して、③判決を下す、というだけのものです。裁判官は、具体的な「事実の認定」をして、その事実に判断基準である法律を適用して判決という具体的な結論を出すのです。

　「事実の認定」とは、文字通り、事実はどうであったのかを裁判官が証拠によって認定することをいいます。例えば、欠陥住宅に関する損害賠償請求訴訟で「請負人の建築した建物に瑕疵（欠陥）があった」とか「建売住宅には欠陥があった」という事実を認定することです。弁護士に訴訟代理人を依頼した場合でも、弁護士は法律は知っていても、どのような欠陥があるのかといった「事実」は依頼者しか知りませんから、依頼者が事実の主張や証拠の提出を怠ると泣くことになります。

　欠陥住宅訴訟で弁護士を依頼する場合にも、以下に述べる民事訴訟の手続を理解して、適切な証拠や主張を弁護士に提供する必要があります。本人訴訟をする場合には、本書の著者による『絶対に訴えてやる！』（緑風出版・発行）の詳細な書式や説明を参考にしてください。

2　民事訴訟の手続きの流れ

　通常の民事訴訟の手続の流れは、次のようになります。民事訴訟の手続は、民事訴訟法と民事訴訟規則に定められています。

訴えの提起　　①　裁判所に訴状の正本と副本（正本と同じもの）を提出します。

訴えの提起	②　裁判の手数料として収入印紙を同時に提出します。 ③　裁判所に指定された種類の郵便切手も同時に提出します。
↓	
訴状の送達	①　裁判所は訴状の副本を被告に送ります。 ②　訴状の副本には第1回口頭弁論期日の呼出状と答弁書の催告書(さいこくしょ)が添付されます。
↓	
答弁書の提出	①　被告は訴状の内容についての応答を書いた答弁書を指定の期限までに裁判所に提出するとともに原告に直送します。 ②　直送できない場合は、裁判所の書記官に送付してもらいます。
↓	
第1回口頭弁論期日	①　原告は訴状を陳述し、被告は答弁書を陳述します。 ②　次回の口頭弁論期日が指定されます。期日とは裁判所の審理の行われる日時をいいます。
↓	
口頭弁論の続行	①　判決ができるようになるまで口頭弁論が続行されます。 ②　口頭弁論期日前に原告も被告も準備書面を裁判所に提出するとともに相手方にも直送します（直送不能の場合は書記官へ）。
↓	
証拠調べ	①　口頭弁論手続により争点が明確になると証拠調べ手続に入ります。 ②　証拠調べのためには証拠の申し出が必要です。
↓	
弁論の終結	①　判決ができる状態になったときは口頭弁論を終結します。 ②　裁判長が判決の言渡し期日を指定します。
↓	

| 判決言渡し | ① 判決は言渡しによって成立し、判決の効力が生じます。
② 判決の言渡し期日には出頭する必要はありません。 |

↓

| 上　訴 | ① 第一審判決に不服のある当事者は控訴を提起することができます。
② 第二審（控訴審）判決に不服のある当事者は上告することができますが、上告できる場合は制限されています。 |

Q23 訴えの提起は、どのようにするのですか

1 訴えの提起

訴えの提起は、原告となる者が「訴状」という書面を作成して裁判所に提出する必要があります。訴状の書き方は決まっていませんが、実務上はＡ４判の用紙に横書き・片面印刷で作成しています。最高裁判所が示しているワープロやパソコンを使用する際の標準的な書式は、次の通りです。

1行　37文字	上部余白　35mm
1頁の行数　26行	下部余白　27mm
文字サイズ　12ポイント	左側余白　30mm
	右側余白　15mm

2 訴状の書き方

訴状の書式は決まっていませんが、最高裁判所の示した書式例によると次のようになります。次の訴状の例は、典型的な建売住宅（売買契約）の基本構造部分や雨水の浸入を防止する部分に瑕疵（欠陥）が存在する場合です。

この訴状の例は、原告の買主が、売主Ａを売買契約違反、建築した業者Ｂ、設計をした設計会社Ｃ、建築主事に代わる中間検査などを行った民間の会社Ｄ、仲介をした宅地建物取引業者Ｅを共同不法行為者とし５社を被告として訴えた場合です。被告とする者は、大別すると契約関係にある者とその他の第三者に分かれますが、①契約関係にある者に対しては契約違反を理由とし、②契約関係にない者は不法行為を理由とします。裁判官が誰に責任を認めるのか予測がつかない場合も多いので、責任の軽重を問わず、責任がある者のすべてを被告とします。

訴　　状

平成〇年〇月〇日

〇〇地方裁判所　御中

原告　　〇〇〇〇（印）

〒000-0000　○県○市○町○丁目○番○号（送達場所）
　　　　　　原告　　○○○○
　　　　　　　（電話　000-000-0000）

〒000-0000　○県○市○町○丁目○番○号
　　　　　　被告　　株式会社　A建設
　　　　　　　上記代表者代表取締役　○○○○

〒000-0000　○県○市○町○丁目○番○号
　　　　　　被告　　株式会社　B工務店
　　　　　　　上記代表者代表取締役　○○○○

〒000-0000　○県○市○町○丁目○番○号
　　　　　　被告　　株式会社　C建築設計
　　　　　　　上記代表者代表取締役　○○○○

〒000-0000　○県○市○町○丁目○番○号
　　　　　　被告　　株式会社　D建築住宅センター
　　　　　　　上記代表者代表取締役　○○○○

〒000-0000　○県○市○町○丁目○番○号
　　　　　　被告　　株式会社　E不動産
　　　　　　　上記代表者代表取締役　○○○○

損害賠償請求事件
　　訴訟物の価額　　金2345万6789円
　　貼用印紙額　　　金9万2千円

第1　請求の趣旨
　1　被告らは、原告に対し、各自連帯して金2345万6789円及びこれに対する本訴状送達の日の翌日から支払済みに至るまで年5分の割合によ

る金員を支払え。
2 訴訟費用は被告の負担とする。
3 仮執行宣言

第2 請求の原因
1 当事者
(1) 原告は、次の土地建物（以下「本件土地建物」という）の所有者である（甲第1号証、甲第2号証）。
　　(a) 土地　所在　○県○市○町○丁目
　　　　　地番　5番
　　　　　地目　宅地
　　　　　地積　98.05平方メートル
　　(b) 建物　所在　○県○市○町○丁目
　　　　　家屋番号　5番
　　　　　種類　居宅
　　　　　構造　木造瓦葺き3階建て
　　　　　床面積　1階38.15平方メートル、2階30.08平方メートル、
　　　　　　　　　3階26.06平方メートル（合計94.29平方メートル）
(2) 被告株式会社A建設（以下「被告A建設」という）は本件土地建物の売主であり、かつ、本件建物の建築主でもあって、被告A建設は原告との間に本件土地建物の売買代金総額を4650万円とした平成○年○月○日付売買契約（甲第3号証）を締結して本件土地建物を原告に対して同年○月○日に引渡した。
(3) 被告株式会社B工務店（以下「被告B工務店」という）は本件建物建築について被告A建設との間で本件建物建築の請負契約を締結して本件建物を建築した者である。
(4) 被告株式会社C建築設計（以下「被告C建築設計」という）は、本件建物の設計及び監理の業務を行った者である。
(5) 被告株式会社D建築住宅センター（以下「被告Dセンター」という）は、建築基準法第77条の18ないし第77条の21の規定に基づく国土交通大臣の指定を受けた指定確認検査機関の資格を有する者であり、本件建物に係る建築確認行為、中間検査行為、完了検査行為を行った者で

ある。
 (6) 被告株式会社Ｅ不動産（以下「被告Ｅ不動産」という）は、不動産の売買等の媒介（仲介）の事業を営む○県知事の免許を受けた宅地建物取引業者であり、本件土地建物の媒介を行った者である。
2 本件建物の売買契約の成立
 本件建物の売買契約は、原告と被告Ａ建設との間の平成○年○月○日付の売買契約書の締結により効力を生じた（甲第３号証）。
3 本件建物の瑕疵（欠陥）
 (1) 本件建物には、以下に述べる通り、新築住宅にもかかわらず、被告らの責任に基づく多数の瑕疵（欠陥）が存在する。この場合の瑕疵とは、民法第570条に規定する目的物の「隠れたる瑕疵」、民法第634条に規定する目的物の瑕疵、住宅の品質確保の促進等に関する法律第88条に規定する「隠れた瑕疵」を意味するが、要するに目的物（建物）が契約に適合していないことである。
 (2) 本件売買契約書（甲第３号証）に係る本件建物は、木造軸組工法３階建て住宅であって、建築基準法第６条第１項第２号に該当する建築物である。従って、本件建物は、建築基準法、同法施行令、同法施行規則及びこれらの法令の規定に基づく建設省告示又は国土交通省告示の技術基準を満たしたものでなければならないことは言うまでもない。けだし、建築基準法第１条では、「この法律は、建築物の敷地、構造、設備及び用途に関する最低の基準を定めて」いると規定しているのであって、この基準を満たさない建築物は許されないからである。これらの技術基準を満たさない建物は、瑕疵（欠陥）があると言うことができるのである。
 (3) 本件建物には、次に述べる通り昭和56年６月１日建設省告示第1100号（甲第４号証）の告示内容に違反する重大な瑕疵（欠陥）があるのである。
  ① 甲第４号証（建築基準法施行令第46条第４項表１(1)項から(7)項までに掲げる軸組と同等以上の耐力を有する軸組及び当該軸組に係る倍率の数値）の「別表第１」の材料の(10)には、「せっこうボード（JIS A6901-1983（せっこうボード）に適合するもので厚さが12㎜以上のものに限る）（屋外壁等以外に用いる場合に限る）」の材料の場合には、「く

ぎの種類」はＧＮＦ40又はＧＮＣ40とし、「くぎの間隔」は15cm以下としなければならないにもかかわらず、本件建物では、甲第4号証の告示内容に違反して釘が打たれているのである（甲第6号証の平成〇年〇月〇日付「第2回建物調査報告書」4頁の第1の1の(1)、甲第8号証の本件建物の本件部分に係る設計図書の図5）。

② 更に、昭和56年6月1日建設省告示第1100号（甲第4号証）の告示による軸組は、「厚さ1.5cm以上で幅4.5cm以上の木材を31cm以下の間隔で柱及び間柱並びにはり、けた、土台その他の横架材にくぎ（日本工業規格（JIS）A5508-1975（鉄丸くぎ）に定めるN50又はこれと同等以上の品質を有するものに限る）で打ち付けた胴縁に、別表第1（い）欄に掲げる材料をくぎ（JIS A5508-1975（鉄丸くぎ）に定めるN32又はこれと同等以上の品質を有するものに限る）で打ち付けた壁（くぎの間隔が15cm以下のものに限る）を設けた軸組」とされているにもかかわらず、甲第4号証の告示内容に違反しているのである（甲第6号証の平成〇年〇月〇日付「第2回建物調査報告書」4頁の第1の1の(2)、甲第8号証の本件建物の本件部分に係る設計図書の図5）。

(4) 本件建物には、平成12年5月31日建設省告示第1460号（甲第5号証）の告示内容に違反する重大な瑕疵（欠陥）がある。甲第5号証（木造の継手及び仕口の構造方法を定める件）の二では、「壁を設け又は筋かいを入れた軸組の柱の柱脚及び柱頭の仕口（注：二つの部材をある角度に接合すること）にあっては、軸組の種類と柱の配置に応じて、平家部分又は最上階の柱にあっては次の表1に、その他の柱にあっては次の表2に、それぞれの掲げる表3の（い）から（ぬ）までに定めるところによらなければならない。ただし、当該仕口の周囲の軸組の種類及び配置を考慮して、柱頭又は柱脚に必要とされる引張力が、当該部分の引張耐力を超えないことが確かめられた場合においては、この限りでない。」とされているにもかかわらず、これに違反しているのである（甲第6号証の平成〇年〇月〇日付「第2回建物調査報告書」4頁の第1の2の(1)、甲第8号証の本件建物の本件部分に係る設計図書の図6）。

(5) 本件建物には、以上に述べた建物の構造耐力上主要な部分の重大な瑕疵（欠陥）があるほか、次に述べる通り、平成〇年〇月〇日付

「第1回建物調査報告書」（甲第6号証）及び平成〇年〇月〇日付「第2回建物調査報告書」（甲第7号証）の各記載のうち、雨水の浸入を防止する部分として住宅の品質確保の促進等に関する法律施行令第6条に定めるものの瑕疵（欠陥）が認められるのである。これらの瑕疵の一部については補修がなされたものの、雨水が浸入して合板に漏水した場合には、たとえ、合板が乾燥しても、元の強度を保持することはできないので、雨水の浸入した多くの箇所で重大な瑕疵が発生しているのである。これらの報告書（甲第6号証及び甲第7号証）に記載された雨水の浸入の認められた主な欠陥箇所は次の通りである。

① 3階・子供部屋・北側ロフト上・天井部（甲第6号証3頁の第3）

② 3階・子供部屋・南側ロフト下・天井部（甲第6号証3頁の第4）

③ 3階・子供部屋・東面壁・外壁下地ベニヤ部分（甲第6号証3頁の第5）

④ 3階・主寝室・屋根裏部分（甲第6号証4頁の第6）

⑤ 2階・キッチン・北面吊戸部分（甲第6号証5頁の第7）

（中　略）

4　被告らの責任
　(1)　被告A建設の責任
　　①　被告A建設は、本件新築建物の売主であることから、住宅の品質確保の促進等に関する法律第88条（新築住宅の売主の瑕疵担保責任の特例）の規定によって売主の瑕疵担保責任を負うのである。被告A建設は、本件売買契約上の責任を負うのである。

　　②　被告A建設は、本件新築建物の売主であるとともに建築主でもあることから、建築主は、建築物の「最低の基準」を定める建築基準法、同法施行令、同法施行規則及びこれらの法令の規定に基づく建設省又は国土交通省の告示に従う義務があるにもかかわらず、これに違反している者であるから、本件建物を購入した原告に生じた損害を賠償すべき不法行為責任がある。

　(2)　被告B工務店の責任
　　被告B工務店は、本件新築建物を建築した者であるが、建築業者は、

建設業法第25条の25第１項の規定により「建設業者は、施工技術の確保に努めなければならない。」と規定されていることから、建築物の「最低の基準」を定める建築基準法、同法施行令、同法施行規則及びこれらの法令の規定に基づく建設省又は国土交通省の告示に従う義務があるにもかかわらず、これに違反している者であるから、本件建物を購入した原告に生じた損害を賠償すべき不法行為責任がある。

(3) 被告Ｃ建築設計の責任

被告Ｃ建築設計は、本件新築建物の設計及び監理の業務を行った者であるが、同社の従業員建築士Ｃ１は、建築士法第18条第２項の規定により「建築士は、設計を行う場合においては、これを法令又は条例の定める建築物に関する基準に適合するようにしなければならない。」と規定されていることから、建築物の「最低の基準」を定める建築基準法、同法施行令、同法施行規則及びこれらの法令の規定に基づく建設省又は国土交通省の告示に従う義務があるにもかかわらず、これに違反している者であるから、本件建物を購入した原告に生じた損害を賠償すべき不法行為責任がある。

(4) 被告Ｄセンターの責任

被告Ｄセンターは、建築基準法第77条の18ないし第77条の21の規定に基づく国土交通大臣の指定を受けた指定確認検査機関の資格を有する者であり、本件建物に係る建築確認行為、中間検査行為、完了検査行為を行った者であるが、被告Ｄセンターは、建築物の「最低の基準」を定める建築基準法、同法施行令、同法施行規則及びこれらの法令の規定に基づく建設省又は国土交通省の告示に従う必要があるにもかかわらず、これに違反している者であるから、本件建物を購入した原告に生じた損害を賠償すべき不法行為責任がある。

(5) 被告Ｅ不動産の責任

被告Ｅ不動産は、不動産の売買等の媒介（仲介）の事業を営む○県知事の免許を受けた宅地建物取引業者であり、本件土地建物の媒介を行った者であるが、本件建物が建築確認を受けた設計と異なる施工をしていたことや新築当初からの雨漏りなどの本件瑕疵についての調査を怠り、本件建物の買主に告げなかった者であるから、本件建物を購入した原告に生じた損害を賠償すべき不法行為責任がある。

(6) 被告らの共同不法行為

被告らの上記不法行為は、共同して原告に対して損害を発生させたものであるから、民法第719条の規定に基づき各自連帯して原告の損害を賠償する共同不法行為責任がある。

5 原告の損害
(1) 取り壊し費用　〇〇〇万〇千円（甲第9号証・見積書）
(2) 再築費用　〇〇〇〇万〇千円（甲第10号証・見積書）
(3) 引越し費用　〇〇〇万〇千円（甲第11号証・2回分・見積書）
(4) 取り壊し・再築期間中の家屋賃借料（甲第12号証・見積書）
(5) 建築士による調査鑑定費用　〇〇〇万〇千円（甲第15号証・領収証）
(6) 登記（滅失登記、表示登記、保存登記、抵当権抹消登記、抵当権設定登記）関係費用　〇〇〇万〇千円（甲第13号証・見積書）
(7) 弁護士費用（欠陥住宅相談）　〇〇万〇千円（甲第14号証・領収書）
（注：弁護士に訴訟代理人を依頼する場合は、その分が加算される）
(8) 慰謝料　〇〇〇万円

6 よって、原告は、被告らに対し、住宅の品質確保の促進等に関する法律第88条、民法第709条、民法第715条、民法第719条の規定に基づき、請求の趣旨記載の金員の支払いを求める。

証拠方法

1　甲第1号証　本件土地の登記簿謄本
2　甲第2号証　本件建物の登記簿謄本
3　甲第3号証　本件土地建物の売買契約書
4　甲第4号証　昭和56年6月1日建設省告示第1100号
5　甲第5号証　平成12年5月31日建設省告示第1460号
6　甲第6号証　平成〇年〇月〇日付「第1回建物調査報告書」
7　甲第7号証　平成〇年〇月〇日付「第2回建物調査報告書」
8　甲第8号証　本件建物の欠陥部分に係る設計図書
9　甲第9号証　本件建物の取り壊し費用の見積書
10　甲第10号証　本件建物に係る再築費用の見積書
11　甲第11号証　取り壊し再築に係る引っ越し費用（2回分）の見積書

```
  12  甲第12号証  取り壊し再築期間中の家屋賃借料の見積書
  13  甲第13号証  登記関係費用（滅失登記、表示登記、保存登記、抵当権
      抹消登記、抵当権設定登記関係）の見積書
  14  甲第14号証  弁護士費用（欠陥住宅相談）の領収書
  15  甲第15号証  建築士による調査鑑定費用の領収書

                      附属書類
  1  訴状副本１通
  2  甲号証写し  各６通
  3  商業登記簿謄本５通
                                                    以上
```

　訴状の類型は無数にありますから、実際に訴状を作成する場合は、都道府県立図書館、大都市の公立図書館、法学部のある大学図書館で訴状の文例集とか書式集を参考にして作成します。あまり小さな書式集では役立ちません。地方裁判所の民事部の書記官に聞くと書式集を見せてくれる場合があります。

　訴状の記載事項は決まっていますので、上例の訴状を参考にして各記載事項について説明をします。

(1)　書面の表題は「訴状」とします。提出年月日と提出先の裁判所名を記載しますが、提出先の裁判所は法律で決められています。訴訟物の価額（訴額）が140万円を超える場合は地方裁判所へ提出します。被告の住所地の裁判所が原則とされていますが、例外も多く、損害賠償請求のような債権者の住所が義務履行地とされる場合は、原告の住所地の裁判所に提起することができます。

(2)　当事者（原告と被告）の表示は、各当事者が特定できるように住所と氏名を記載します。住所には郵便番号も付します。原告の住所を送達（裁判所が書留郵便のような法定の方式で書類を交付すること）の場所とする場合は上例のように記載します。住所以外の場所とする場合は郵便物が届くように場所を記載します。原告の連絡先の電話番号を記載しますが、被告の電話番号は不要です。

(3)　事件名をどのように表示するかは決まっていませんが、上例のように簡潔に表示します。

(4) 訴訟物の価額（訴額）は、原告が訴えで主張する経済的利益の額を記載します。たとえば、損害賠償請求訴訟では請求額となります。
(5) 貼用印紙額は、訴訟物の価額（訴額）に応じて決められます。この収入印紙には消印（割印）をしてはなりません。収入印紙は貼らずに訴状受付係に渡すのが無難です。貼用印紙額の例は次の通りですが、訴額を決めた後に近くの地方裁判所の訴状受付係に電話で聞くのが便利です。

訴額が10万円では1千円（最低額）	訴額が50万円では5千円
訴額が100万円では1万円	訴額が500万円では3万円
訴額が1000万円では5万円	訴額が2000万円では8万円
訴額が3000万円では11万円	訴額が4000万円では14万円
訴額が5000万円では17万円	訴額が6000万円では20万円

(6) 訴状には記載しませんが、訴状提出時に裁判所の指定する種類の郵便切手（約7千円程度）を訴状受付係に渡しておく必要があります。切手は相手方への訴状の送達その他に使われますが、被告の数や裁判所によって種類や数が異なりますから、事前に電話で訴状受付係に確認しておきます。切手に代えて現金で納付する裁判所もあります。
(7) 請求の趣旨は、原告が、その訴えでどのような内容の判決を求めるのかを記載します。一般に原告が勝訴した場合の判決の主文に対応する文言が用いられます。損害賠償請求事件の例では、上例のように記載します。

　仮執行宣言とは、判決が確定する前に強制執行をすることができる効力を与える裁判をいいます。判決の確定によって執行することができる効力が生ずるのが原則ですが、相手方の上訴によって確定が引き延ばされることによる勝訴者の不利益を考慮して付けられる場合があります。

　訴訟費用とは、手数料の収入印紙代、郵便切手代、証人の日当や旅費などをいい、敗訴者が負担しますが、弁護士費用は含まれません。弁護士費用は訴訟の勝敗にかかわらず、各自の負担とされますが、例外的に損害賠償請求などで一定の範囲内で勝訴者の弁護士費用の一部を相手方に負担させる場合があります。
(8) 請求の原因は、原告の請求を特定するのに必要な事実を記載します。これによって審判の対象が明確になります。

(9) 証拠方法とは、裁判官が事実を認定する資料として取り調べることができる物的証拠（物証）や人的証拠（人証）をいいます。物証には、文書（書証）、場所その他の物があります。人証には、証人、当事者本人、鑑定人があります。訴状には、とりあえず、書証の重要なものを添付します。審理が開始された後に追加の書証を提出したり、証人申請をします。

原告の提出する書証（文書）を甲号証といい、甲第1号証、甲第2号証のように一連番号を付します。被告の提出する書証を乙号証といい、乙第1号証、乙第2号証のように一連番号を付します。番号を記載する位置は、横書きの文書は右上隅とし、縦書きの文書は左上隅とします。文字は目立つように赤鉛筆で記載します。

(10) 附属書類の表示は、文例のように訴状に添付する書類を記載します。

(11) 訴状の提出通数は、裁判所用（正本）1通と被告用（副本）各1通ですが、原告の訴状控えに訴状受付係の受付印をもらっておきます。

3　訴状を提出すると

裁判所の訴状受付係（民事受付）で受け付けられた訴状が担当部（民事部）に回付されると、裁判長は訴状を審査して、訴状を受理すべきものと認めた場合には、書記官に命じて原告から提出された訴状の副本（被告用）を被告に送達させます。送達とは、裁判所が当事者その他の訴訟関係人に訴訟書類の内容を知らせるために法定の方式によって書類を交付することをいいます。訴状の副本（被告用）の送達は、一般に特別送達という書留郵便によって行われます。送達を要する書類は、訴状の副本、期日の呼出状、訴えの変更申立書、判決書などに限られており、それ以外の書類は「送付」で足りるとされていますから、普通郵便やFAXによって送付することができます。

被告への訴状の副本の送達によって事件は裁判所で審理される状態になりますが、この状態のことを「訴訟係属（そしょうけいぞく）」といいます。裁判長は、最初の口頭弁論期日は、特別の事由がある場合を除き、訴えが提起された日から30日以内の日に指定する必要があります（民事訴訟規則60条2項）。

4　呼出状の送達

裁判所から被告に訴状の副本を送達する場合には、①第1回口頭弁論期日の呼出状、②答弁書の催促状もいっしょに送達されます。原告には第1回口頭弁

論期日の呼出状だけが送達されます。答弁書とは、訴状に書かれた原告の申立に対して被告がする最初の応答を書いた準備書面（自分の言い分を書いた書面）をいいます。準備書面とは、口頭弁論期日（当事者が法廷で口頭で陳述するための日時）に陳述しようとする事項を記載した書面をいいますが、被告の最初の準備書面を答弁書といいます。

Q24 口頭弁論期日の審理は、どのように進められるのですか

1 口頭弁論のルール

　口頭弁論期日とは、当事者（原告と被告）が口頭で主張を陳述したり証拠を提出したりする法廷で審理をする日時をいいます。口頭で陳述するといっても「訴状の通り陳述します」「答弁書の通り陳述します」「準備書面の通り陳述します」のように言うだけのことです。実務では書面を読み上げたりはしません。

　口頭弁論は訴訟手続の中心となるものですが、そのルールは次のようになっています。

> ① 弁論（主張を述べること）や証拠調べは、口頭で行わなければならず、口頭で陳述されたものだけが裁判資料として判決の基礎となります。
> ② 口頭弁論の手続では、当事者（原告と被告）双方に、その主張を述べる機会を平等に与えなければなりません。
> ③ 弁論の聴取や証拠調べは、判決をする裁判官自らが直接行わなければなりません。しかし、例外として、裁判官の転勤などにより裁判官が交代した場合は、審理をやり直すのではなく、従前の口頭弁論の結果を陳述することですませます。
> ④ 口頭弁論期日の審理や裁判は国民に公開し、誰でも傍聴できる状態で行わなければなりません。

2 第1回口頭弁論期日のポイント

　第1回口頭弁論期日は、次のように進められます。

(1) 第1回口頭弁論期日は、裁判長が、特別の事由がある場合を除き、訴えが提起された日から30日以内の日に指定することとされていますが、当事者（原告や被告）の都合を聞かずに指定しますので、出頭できない場合には担当の書記官に電話をして期日の変更をしてもらいます。

(2) 裁判所には呼出状に指定された時刻の10分前には出頭し指定された法廷

の傍聴席に入っておきます。初めて裁判所に出頭する場合は法廷の場所が分かりにくいことがありますから、早めに出頭して法廷の場所を確認しておきます。

(3) 最初の順番になっている場合は、廷吏に確認して開廷時刻の5分前には原告席または被告席に着席します。裁判官が法廷に入ってくる際には廷吏の「起立願います！」の合図で全員が起立する慣行になっています。

(4) 第1回口頭弁論期日では、原告は訴状を陳述し、被告は答弁書を陳述しますが、陳述といっても、読み上げるのではなく、裁判長の質問に答えて「訴状の通り陳述します」とか「答弁書の通り陳述します」というだけです。裁判所の実務では、「〇〇の通り陳述します」といえば、その書面の内容を全部口頭で述べたことになるのです。各当事者が法廷で発言（陳述）する際には起立して発言する慣行になっています。

(5) 裁判官が書面の内容について、たまに質問する場合がありますが、すぐ答えられることは答えて、すぐには答えられないことは「調べて準備書面に書いて提出します」と答えて質問内容をメモしておきます。

(6) 訴状や答弁書の陳述も終わり、裁判官や当事者からの発言もない場合は次回の期日を決めます。まず、裁判所の都合のよい日時を裁判長が言いますから、都合が悪ければ、「差し支えます」と言って別の日時を指定してもらいます。都合がよければ「結構です」と述べて、裁判所・原告・被告の三者の都合のよい日時が決まったらメモしておきます。

(7) 口頭弁論期日は裁判官が判決をすることができると判断する時まで続行されます。

3 第2回口頭弁論期日以降の対応の仕方

第2回口頭弁論期日以降の各期日の対応の仕方は、おおむね次の通りです。

(1) 準備書面は、それに記載した事項について相手方が反論を準備するのに必要な期間をおいて裁判所に提出し、相手方にも直送（直送不能の場合は書記官に依頼）する必要があります（民事訴訟規則79条1項・83条1項）。

(2) 各期日の前日には既に提出されている準備書面その他の書面を新しいものから順に見ておきます。自分の提出した書類の内容について裁判官から聞かれた場合は、直ぐに答えられものは答えますが、よく分からないこと・知らないこと・調査しないと分からないことは「よく調べて（よく考えて）準

備書面に書いて提出します」と答えてメモをして帰ります。
(3)　準備書面の提出回数に制限はありませんから、提出した準備書面の内容に追加または変更する事項がある場合は、いつでも、随時、提出することとします。証拠（書証・証人など）の提出は、訴訟の進行状況に応じ適切な時期に提出する必要があります（民事訴訟法156条）。
(4)　口頭弁論期日は裁判官が判決をすることができると判断する時まで続行されます。裁判官が判決をすることができると判断した時に口頭弁論を終結（結審）します。審理の順序は、①訴状と答弁書の陳述、②各当事者からの準備書面や証拠の提出、③争点について証拠調べ（証人尋問その他）、④口頭弁論の終結（結審）、⑤判決の言い渡しとなります。訴訟の進行は、遅らせることはできますが、早くすることはできません。

4　書証の成立の認否

　第1回口頭弁論期日だけに限りませんが、相手方から書証（証拠の文書）が提出されている場合には、裁判長は「書証の成立の認否」について提出者の相手方に尋ねます。
　書証の成立の認否とは、その文書の作成者とされている者が作成したことを認めるか否かということです。その文書の内容自体を認めるか否かということではありません。
　書証の成立の認否には次の3つがありますから、そのいずれであるかが分かるように答えます。原則として口頭で答えますが、答えられない場合は「書証の成立の認否は準備書面に書いて提出します」と述べて書面にして提出することもできます。

> ①　成立は、認める。
> ②　成立は、否認する。
> ③　成立は、不知（知らない）。

　①は、相手方の主張する作成者が作成したことは認めるということです。書かれた文書の内容を認めるという意味ではありません。
　②は、相手方の主張する作成者が作成したことを否認するということです。
　③は、相手方の主張する作成者が作成したものかどうかは知らないという

ことです。

　上の②または③とされた場合には、書証の提出者が、作成者とされている者が作成したことを証明しないと証拠にはなりません。たとえば、作成者を証人として尋問する必要があるのです。

5　法廷はどんなところか

　法廷の配置は、合議制（3人の裁判官で構成）の場合は一般に次図のようになっています。

　1人制（単独制）の場合の裁判官の席は中央正面の裁判長の席となります。行政訴訟や複雑な民事訴訟は合議制で行われますが、その他の民事訴訟は1人制で行われます。

```
┌─────────────────────────────────────────┐
│  ┌──────────────────────────────────┐   │
│  │(右陪席裁判官)  (裁判長)  (左陪席裁判官)│   │
│  └──────────────────────────────────┘   │
│                                          │
│    ┌────┐  ┌────┐      ┌────┐          │
│    │書記官│  │速記官│      │廷 吏│  入口  │
│    └────┘  └────┘      └────┘          │
│                                          │
│ ┌────┐       ┌────┐      ┌────┐        │
│ │原告席│       │証人席│      │被告席│        │
│ └────┘       └────┘      └────┘        │
│                                          │
│           傍　聴　席                     │
│                                   傍聴人 │
│  ○　傍聴席から直接、原告席や被告席に    │
│     入ることもできます              入口 │
└─────────────────────────────────────────┘
```

(1)　合議制の場合は裁判官の中央に裁判長が座り、裁判長の右側（傍聴席からは左側）に右陪席裁判官、裁判長の左側には左陪席裁判官が座ります。

(2)　法廷の入口には廷吏がいます。廷吏は裁判長の命令によって事件関係人（原告、被告、証人など）を呼んだり、事件番号や事件名を呼び上げたりします。事件の呼び上げは書記官が行う場合もあります。口頭弁論期日は事件の呼び上げによって開始します。

6　相手方に説明を求めるには

　口頭弁論は裁判長（1人制では裁判官）が指揮をしますから、裁判長は発言を許しまたはその命令に従わない者の発言を禁ずることができます（民事訴訟法148条）。この権限を訴訟指揮権といいます。
　当事者（原告と被告）は、口頭弁論期日または期日外において裁判長（1人制では裁判官）に対して必要な発問（問いを発すること）を求めることができます。当事者は相手方に対して、その陳述の趣旨を確かめるために直接に問いを発することは認められませんが、裁判長を通じて発問してもらうことができます。これを求問権とか、求釈明といいます（民事訴訟法149条3項）。相手方に対して質問をする場合は、一般に準備書面に「求釈明」として質問事項を記載して相手方に説明を求めます。

7　争点などを明確にするための準備の手続

　口頭弁論による充実した審理を行うには、その訴訟で何が問題となるのかの争点を明確にして集中的に証拠調べを行う必要がありますが、そのための準備の手続として次のような①準備的口頭弁論、②弁論準備手続、③書面による準備手続の各手続が口頭弁論とは別に行われる場合があります。よく利用されるのは、②の弁論準備手続です。
　(1)　準備的口頭弁論とは、口頭弁論の方式で争点や証拠の整理に必要な行為を集中的に行う手続をいいます。口頭弁論期日に公開の法廷で行われます。
　(2)　弁論準備手続とは、法廷外の弁論準備室・和解室などでテーブルを囲んで争点や証拠の整理を行う手続をいいます。原則として非公開ですが、裁判官が相当と認めるときは傍聴することができます。
　(3)　書面による準備手続とは、当事者（原告や被告）の出頭なしに準備書面の提出により争点や証拠の整理を行う手続をいいます。当事者が裁判所から遠隔地に居住している場合に利用することができます。電話会議システムを利用して行うこともできます。

8　調書の作成

　口頭弁論期日ごとに書記官は口頭弁論調書を作成します。証人尋問が行われた場合には証人尋問調書も作成します。弁論準備手続期日では弁論準備手続調

書が作成されます。そのほかに本人尋問調書、証拠調べ調書、書証目録（甲号証や乙号証の表題などを記載した目録）、証人等目録なども作成されます。

　どの種類の調書でも閲覧することができますし、写しの交付を受けることもできます。訴訟係属中の当事者の閲覧は無料ですが、写し（謄本）の交付は書記官に依頼した場合は１枚150円の手数料が必要です。裁判所によっては弁護士会などが１枚70円程度でコピーをしてくれる場合がありますから、書記官に確認します。

　閲覧や謄本の交付の請求は「民事事件記録閲覧・謄写票」用紙を書記官からもらって必要事項を記入して書記官または書記官の指定する場所（弁護士会など）に提出します。

9　準備書面の書き方

　準備書面とは、口頭弁論期日（当事者が法廷で口頭の陳述するための裁判長の指定した日時）に陳述しようとする自分の言い分を書いた書面をいいます。口頭弁論は書面（準備書面）で準備する必要があります。準備書面には、次の事項を記載します（民事訴訟法161条２項）。

> ①　攻撃または防御の方法（各当事者の申立を理由づけるためにする法律上・事実上の一切の陳述や証拠の提出をいい、原告のするものを攻撃方法、被告のするものを防御方法といいます）
> ②　相手方の請求および攻撃または防御の方法に対する陳述（主張を述べること）

　準備書面の書き方は決まっていませんが、平成13年１月からのＡ４判横書き化に際して最高裁判所の示した書式例に準じて通常は次例のように記載します。

```
平成○○年（ワ）第○○○号　損害賠償請求事件
原告　　　○○○○
被告　　　○○○○
                第５準備書面
                        平成○○年○○月○○日
○○地方裁判所　御中
```

原告　　○○○○（印）

第1　被告の平成○○年○月○日付第4準備書面（以下「被告準備書面④」という）の被告の主張についての反論
　　1　被告準備書面④の1の(1)の被告の主張は、すべて争う。その理由は、……
（中　略）
　　2　被告準備書面④の1の(2)の被告の主張のうち、「……」の部分は認めるが、その余は、否認する。その理由は、……だからである。
　　3　被告準備書面④の1の(3)の被告の主張は、不知。
　　4　被告準備書面④の1の(4)の被告の主張は、誤りである。その理由は、……
　　5　　　　　　（中　略）
第2　求釈明
　　1　被告準備書面④の8の(3)に……とするが、その理由を明らかにされたい。
　　2　被告準備書面④の9の(1)に……とするが、その根拠を明らかにされたい。
　　3　　　（内容省略）
第3　原告の主張
　　1　　　（内容省略・反論や言い分を詳細に述べる）
　　2　　　（内容省略）
　　3　　　（内容省略）
第4　書証の成立の認否
　　1　乙第7号証の成立は、認める。
　　2　乙第8号証の成立は、否認する。その理由は、……だからである。
　　3　乙第9号証の成立は、不知。
　　　　　　　　　　　　　　　　　　　　　　　　　　　以上

(1)　相手方の主張する事実に対する認否（認めるか否認するか）の態様には次の4つがあります。

> ① 認める（承認）
> ② 否認する（争う）……この場合には、その理由も記載します
> ③ 不知（知らない）
> ④ 沈黙

　相手方の主張した事実を争うことを明らかにしない場合（沈黙の場合）は、弁論の全趣旨からその事実を争ったものと認められる場合を除き、その事実を自白（相手の主張を認めること）したものとみなされますから注意が必要です（民事訴訟法159条1項）。
(2)　相手方の提出した書証（証拠の文書）の成立の認否（相手方が作成者と主張する者が作成したことは認めるか否認するか）を記載する場合は次のいずれかを明確にします。

> ① 成立は、認める
> ② 成立は、否認する……この場合には、その理由も記載します
> ③ 成立は、不知

(3)　準備書面において相手方の主張する事実を否認する場合には、その理由を記載する必要があります（民事訴訟規則79条3項）。
(4)　準備書面は、裁判所に「提出」するとともに相手方にも「直送」します。直送の方法は、郵便のほかFAX送信でもかまいません。直送できない場合には書記官から送付してもらいますが、この場合には郵便切手が必要です。準備書面を受領した当事者は相手方と裁判所に対して受領証（書式は自由）を送付します。受領証の送付もFAX送信でかまいません。
(5)　準備書面の作り方も訴状と同様にします。

Q25 証拠調べは、どのようにするのですか

1 証拠調べとは

　証拠調べとは、裁判所が、物的証拠（物証）や人的証拠（人証）を法定の手続により取り調べて、そこから証拠資料（取り調べの結果）を得る行為をいいます。証拠調べの段階が、訴訟の各段階の中で最も重要です。各当事者がどんなに自分の主張が正しいと主張してみても証拠により立証できなければ意味がないからです。

　証拠は裁判官に事実の存否について確信を得させる資料ですが、次のように①証拠方法（5種）、②証拠資料、③証拠原因に区別することができます。

> ①　証拠方法とは、裁判官が五官の作用によって取り調べることができる物的証拠（文書、検証物）と人的証拠（証人、当事者本人、鑑定人）をいいます。
> ②　証拠資料とは、裁判官が証拠方法（物証や人証）を法定の手続により取り調べることによって得た結果（内容）をいいます。つまり、(a)文書の記載内容、(b)検証物の形状、(c)証人の証言内容、(d)当事者本人の供述内容、(e)鑑定人の鑑定意見がこれに当たります。
> ③　証拠原因とは、事実の存否について裁判官に確信を生じさせる原因となった証拠資料や弁論の全趣旨をいいます。

2 立証責任とは

　証拠調べをしても、事実の存否が不明で裁判官が確信を持つに至らない場合がありますが、真偽不明の状態でも裁判官は裁判を拒否することはできませんから、真偽不明の状態でも裁判を可能にする方法を決めておく必要があるのです。

　ある事実が真偽不明の場合に不利な判断を受けるように定められている当事者の不利益のことを証明責任（立証責任）といいますが、証明責任をいずれか一方の当事者に負担させることによって真偽不明の場合にも裁判を可能にしているのです。

3 弁論に現われない事実は証明の対象とならない

民事訴訟は弁論主義（事実の主張と証拠の提出を当事者の責任とする主義）を採用していますから、弁論に現れない事実は証明の対象となりません。

弁論主義の内容は、次の3つの原則（①主張責任の原則、②自白の拘束力、③職権証拠調べの禁止）に要約されます。

> ① 裁判所は、当事者の主張しない事実（主要事実）を認定して裁判の基礎とすることは許されない。
> ② 裁判所は、当事者間に争いのない事実（自白された主要事実）はそのまま裁判の基礎としなければならない。
> ③ 裁判所は、争いのある事実（主要事実に限られない）を証拠によって認定する場合には、必ず当事者の申し出た証拠によらなければならない。

4 民事訴訟の審理の過程

民事訴訟の審理の過程は、(1)まず、事実の認定をし、(2)認定した事実に法規をあてはめ、(3)法規の適用により権利義務の存否を判断するという過程をとります。

(1) 事実の認定については、弁論主義から弁論に現れない事実（当事者が主張しない事実）は証拠による証明は不要とされていますが、弁論に現れた事実であっても、①顕著な事実、②裁判上自白された事実、③自白したものとみなされる事実も証拠による証明は不要とされています（民事訴訟法179条・159条1項）。

① 顕著な事実には、(a)公知の事実と(b)職務上顕著な事実とがあります。公知の事実とは、第二次世界大戦や関東大震災のような歴史上の事件や大災害のように通常の知識経験を有する者が疑わない程度に知れ渡っている事実をいいます。職務上顕著な事実とは、判決をすべき裁判所の裁判官が職務を行うに当たって知り得た事実（自分がした判決の内容など）をいいます。

② 裁判上の自白とは、口頭弁論期日や弁論準備手続でなされた相手方の主張と一致する自分に不利益な事実を認める陳述をいいます。

(2) 証明の対象となるのは、原則として「事実」に限られますが、例外として、①特殊な法規（外国法や条例など）や②特殊な経験則（専門的知識）は証明の対象となる場合があります。経験則とは、経験から得られた知識や法則をいいますが、常識的な経験則（たとえば、濡れた地面を見て雨が降ったと判断する場合）には客観性がありますから、証拠によって証明する必要はありませんが、特殊専門的な経験則は裁判官が知っていることは期待できませんので証拠によって証明する必要があります。

5 　証拠調べと手続きの流れ

　証拠調べの申し出とは、各当事者が裁判所に対して特定の証拠方法（物的証拠や人的証拠）の取り調べを要求する申立をいいます。証拠調べの申し出は、各当事者が証明すべき事実を特定してする必要がありますが、期日前においても証拠の申し出をすることができます（民事訴訟法180条）。証拠調べの申し出方法は証拠方法によって異なりますが一般に「証拠申出書」という書面を裁判所に提出します。証拠調べに費用を要する場合（たとえば、証人の旅費）にはその費用を予納する必要があります。

　証拠の申し出は、訴訟の進行状況に応じて口頭弁論の終結に至るまでの「適切な時期」にしなければなりません（民事訴訟法156条）。当事者が故意または重大な過失により時機に後れて提出した証拠の申し出については、これにより訴訟の完結を遅らせることとなると認めた場合は、裁判所は、申立によりまたは職権で却下の決定をすることができます（民事訴訟法157条）。

　証拠調べ手続の流れは、①各当事者による証拠の申し出、②裁判所による採否の決定、③証拠調べの実施、④裁判所による真偽の判断、⑤真偽不明の場合は証明責任により判断という順序になります。

　証拠調べの申し出は、①証明すべき特定の事実、②特定の証拠方法（物証や人証）、③この両者の関係（立証の趣旨）を具体的に明示してする必要があります（民事訴訟規則99条）。証拠申出書も準備書面の場合と同様に裁判所に提出するとともに相手方に直送します（民事訴訟規則83条）。

6 　書証の証拠の申し出と手続の流れ

　書証の証拠の申し出と取り調べ手続は、次のようになります。
(1) 書証とは、文書に記載された意味内容を証拠資料とする証拠調べをいい

ます。文書とは、文字その他の記号の組み合わせによって意味を表現した紙その他の有体物をいいますが、図面・写真・録音テープ・ビデオテープその他の情報を表すために作成された文書に準ずる物（準文書）にも書証の規定が準用されます（民事訴訟法231条）。

書証の証拠の申し出の方法には、次の３つの方法があります（民事訴訟法219条・226条）。

> ①　文書の提出（文書の写しを裁判所に提出し相手方に直送する）
> ②　文書提出命令の申立（申立書を裁判所に提出し相手方に直送する）
> ③　文書送付嘱託の申立（申立書を裁判所に提出し相手方に直送する）
> （いずれの場合も直送できない場合は書記官に送付を依頼する）

文書を提出して書証の申し出をする場合は、文書の写し２通（相手方が２以上の場合は１を加えた数）を提出するとともに、文書の記載から明らかな場合を除き、①文書の標目（表題）、②文書の作成者、③立証趣旨を明らかにした証拠説明書２通（相手方が２以上の場合は１を加えた数）を裁判所に提出する必要があります。ただし、証拠説明書は、やむを得ない事由があるときは、裁判長の定める期間内に提出できます。文書の写しや証拠説明書は相手方に直送することができます（民事訴訟規則137条）。

証拠説明書の書き方は決まっていませんから、①文書・準文書の標目、②作成年月日、③文書・準文書の作成者、④立証趣旨が分かるように準備書面と同様に記載します。

(2)　文書提出命令の申立は、当事者が、①文書の表示、②文書の趣旨、③文書の所持者、④証明すべき事実、⑤文書の提出義務の原因の５つの事項を明らかにして「文書提出命令申立書」により申立をする必要があります（民事訴訟法221条）。例えば、相手方が準備書面の中に引用した文章があります。

文書提出命令の申立は文書提出義務のある文書について行われ、文書の所持者は一定の場合には提出を拒むことはできません（民事訴訟法第220条）。

(3)　文書送付嘱託の申立として、文書提出命令の申立ができる場合でも、文書の所持者にその文書の送付を嘱託（他人に依頼すること）することができます。例えば、検察庁の保有する供述調書の送付を嘱託する場合があります。ただし、当事者が法令により文書の正本または謄本の交付を求める

ことができる場合(例えば、土地登記簿の謄本の交付)は除かれます(民事訴訟法226条)。

7 証人尋問の申し出と取り調べ手続
証人尋問の申し出と取り調べ手続は、次のようになります。
(1) 証人尋問とは、当事者以外の第三者(証人)に対して口頭で質問し、証明の対象である事実につき証人の経験した事実を供述(証言)させて、その証言を証拠とする証拠調べをいいます。裁判所は、特別の定めのある場合を除き、誰でも証人として尋問することができます。証人尋問の手続は、①当事者による証人尋問の申し出、②証人の呼び出し、③人定質問(人違いでないかの確認の質問)、④宣誓、⑤交互尋問の順序で行われます。
(2) 証人尋問の申し出は、証人を指定し、かつ、尋問に要する見込みの時間を明らかにしてしなければなりません(民事訴訟規則106条)。証人尋問の申し出は、「証拠申出書」を裁判所に提出して行います。証人尋問の申し出は、①証明すべき事実、②証明すべき事実と証人との関係を具体的に明示して行わなければなりません(民事訴訟規則99条)。証拠申出書を提出するときは、同時に「尋問事項書」(尋問事項を記載した書面) 2通(裁判所用と証人用の各1通)を裁判所に提出する必要があります。

8 当事者本人尋問の申し出と取り調べ手続
当事者本人尋問の申し出と取り調べ手続は、次のようになります。
(1) 当事者本人尋問(当事者尋問)とは、当事者(原告や被告)本人に口頭で質問し、当事者本人にその経験した事実を供述させて行われる証拠調べをいいます。裁判所は、当事者からの申立によりまたは職権で、当事者本人を尋問することができます。
(2) 当事者尋問の申し出方法や取り調べ手続は、証人尋問の規定が準用されますから、証人の場合と同様になります。本人訴訟の場合の当事者本人に対する尋問は、裁判長が行いますから、「尋問事項書」には裁判長が質問しやすいように一問一答式の簡潔な質問文を作成しておく必要があります。

9 鑑定の申し出と取り調べ手続
鑑定の申し出と取り調べ手続は、次のようになります。

(1) 鑑定とは、特別の学識経験のある第三者（鑑定人）にその専門知識や意見を報告させて、裁判官の判断能力を補充するために行われる証拠調べをいいます。証言や宣誓を拒むことができる者と同一の地位にある者（例えば、近親者）のような当事者と密接な関係のある者は、鑑定人となることはできません（民事訴訟法212条2項）。

(2) 鑑定の申し出をする当事者は、「鑑定申出書」を裁判所に提出するとともに準備書面の場合と同様に相手方にも直送します。鑑定人は裁判所で選任しますから、申し出に際して特定の者を指定する必要はありませんが、適任者と思う者を推薦してもかまいません。ただし、その者が裁判所で選任されるとは限りません。鑑定費用は、最終的には敗訴者が負担しますが、申し出時に鑑定を申し出た者が予納します。

10　検証の申し出と取り調べ手続

検証の申し出と取り調べ手続は、次のようになります。

(1) 検証とは、裁判官が自分の五感（視覚・聴覚・臭覚・味覚・触覚）の作用によって、直接に対象である検証物（物や場所）を検査して、その結果を証拠資料とする証拠調べをいいます。検証の対象となる物を検証物といいますが、たとえば、文書の紙質・筆跡・印影・作成年代、人間の身体・声などが検証物となります。検証費用は、最終的には敗訴者が負担しますが、申し出時に検証を申し出た者が予納します。

(2) 検証の申し出は、検証申出書を提出し検証の目的物を表示する必要があります。

11　調査嘱託の申し出と取り調べ手続

調査嘱託の申し出と取り調べ手続は、次のようになります。

(1) 調査嘱託とは、裁判所が、当事者の申立によりまたは職権で、必要な調査を官庁、公署、外国の官庁・公署、学校、商工会議所、取引所その他の団体に嘱託する特殊な証拠調べをいいます。たとえば、気象台に対し過去の特定日時・場所の気象状況の調査を嘱託したり、警察署に特定の交通事故の発生日時・場所の調査を嘱託するような場合です（民事訴訟法186条）。

(2) 調査嘱託の申し出は、「調査嘱託申立書」を裁判所に提出します。

12　証拠保全の申し出と取り調べ手続

証拠保全の申し出と取り調べ手続は、次のようになります。

(1)　証拠保全の手続として、裁判所が、あらかじめ証拠調べをしておかなければ、その証拠を使用することが困難となる事情があると認めるときは、各当事者の申立により証拠調べをすることができます（民事訴訟法234条）。例えば、証人となるべき者が重病である場合とか近く外国に出国し帰国の予定のない場合、証拠の録音テープが消去されるおそれがある場合、文書の保存期間が経過して廃棄されるおそれがある場合などに行われます。証拠保全の手続は、訴訟の係属中は裁判所の職権でも行うことができます（民事訴訟法237条）。

(2)　証拠保全の申し出は、「証拠保全申立書」を裁判所に提出します。

13　当事者照会の手続

当事者照会の手続は、次のようになります。

(1)　当事者は、訴訟の係属中に相手方に対して主張または立証を準備するために必要な事項について、相当の期間を定めて書面で回答するよう書面で照会することができます。ただし、①相手方の意見を求める照会、②相手方が回答をするために不相当な費用または時間を要する照会、③相手方を侮辱し、または困惑させる照会などの法定の事項は照会をすることはできません（民事訴訟法163条）。

(2)　当事者照会書には、①当事者・代理人の氏名、②事件の表示、③訴訟の係属する裁判所名、④照会年月日、⑤照会する事項と照会の必要性、⑥民事訴訟法第163条の規定により照会をする旨、⑦回答すべき期間、⑧照会をする者の住所・郵便番号・ＦＡＸ番号を記載して記名押印することとされています（民事訴訟規則84条）。

Q26 判決とは、どんなものですか

1 判決とは

判決とは、口頭弁論にもとづいて裁判所（裁判官により構成される機関）が行う裁判をいいます。裁判の種類には、①判決のほかに、②口頭弁論を経ずに裁判所が行う決定（例えば、裁判官の忌避申立に対する決定）、③口頭弁論を経ずに裁判官が行う命令（例えば、訴状の補正や却下の命令）があります。

裁判所は、訴訟が裁判をするのに熟したときは、終局判決（その審級の審理を完結させる判決）をします。「熟した」とは、裁判官が終局判決ができると判断した状態をいいます。裁判所は、訴訟の一部が裁判をするのに熟したときは、その一部について終局判決をすることもできます（民事訴訟法243条）。

2 判決の種類

判決の種類は、次のように分類することができます。

(1) その審級の審理を完結させる判決を終局判決といい、審理中に終局判決の準備をする判決を中間判決といいます。

(2) 終局判決には、①訴訟要件を欠く場合に訴えを不適法として却下する訴訟判決と②訴えによる請求に理由があるか否かを裁判する本案判決があります。

> ① 訴訟判決（門前払いの判決で、訴訟要件が欠けている場合に訴えを不適法として却下する判決）
> ② 本案判決（請求自体の当否について判断した判決）
> 　ア　請求認容判決（原告の請求を理由があるとする判決）
> 　イ　請求棄却判決（原告の請求を理由がないとする判決）
> 　ウ　事情判決（行政事件訴訟法により請求に理由がある場合でも、公益上、請求棄却とする判決）

(3) 終局判決は、事件を解決する範囲によって①全部判決、②一部判決（同一訴訟手続の中で請求の一部についてだけする判決）、③追加判決（判決をする

のを誤って忘れた場合に後から追加する判決）に分けられます。

3　判決の言渡し

　判決は、言渡しによってその効力を生じます（民事訴訟法250条）。判決の言渡しは、事件が複雑である場合その他特別の事情がある場合を除き、口頭弁論の終結の日から2カ月以内にする必要があります。判決の言渡しは、当事者を言渡し期日に呼び出して行いますが、当事者が在廷しない場合でも言渡しをすることができます（民事訴訟法251条）。

　判決の言渡しは、言渡し期日に公開の法廷で裁判長が判決書の原本に基づいて主文を朗読して行います。裁判長は、相当と認めるときは、判決の理由を朗読または口頭でその要領（要点）を告げることもできます（民事訴訟法252条、民事訴訟規則155条）。実務上は、ほとんど主文を朗読するだけです。

　判決書には、①主文（訴状の「請求の趣旨」に対する応答部分）、②事実（双方の主張を口頭弁論終結時を基準として要約した部分）、③理由（主文の判断に至った理由）、④口頭弁論の終結日、⑤当事者等の表示、⑥裁判所の表示を記載する必要があります。

　特に事実の記載においては、請求を明らかにし、かつ、主文が正当であることを示すのに必要な主張を摘示する必要があります（民事訴訟法253条）。

Q27 上訴（控訴、上告、抗告）の手続は、どのようにするのですか

1 判決に不服のときは

　上訴とは、裁判の確定前に、上級の裁判所に対し、その裁判（原裁判）の取消または変更を求める不服申立をいいます。判決に対する上訴のうち第二審を控訴といい、第三審を上告といいます。裁判の中の決定（口頭弁論を経ずにできる裁判所の裁判）と命令（口頭弁論を経ずにできる裁判官の裁判）に対する上訴を抗告といいます。

　日本の裁判制度は裁判所を3つの審級に分けて、原則として2回まで不服申立ができる三審制を採っています。しかし、2回とも同じ審理方法で行うのではなく、二審では原審（一審）と同様に原裁判を事実の面と法律の面から審理をする事実審としていますが、三審では専ら法令解釈の面から審理をする法律審として特色を持たせています。

2 上訴の種類

　上訴の種類には、①控訴（第二審）、②上告（第三審）、③抗告があります。
(1) 控訴（第二審）とは、第一審の終局判決（その審級の審理を完結させる判決）に対して、事実審（事実問題と法律問題の両方を審理する審級）としての上級審への不服申立をいいます。控訴審は、第一審が地方裁判所の場合は高等裁判所となります。この場合の申立人を控訴人といい、その相手方を被控訴人といいます。
(2) 上告（第三審）とは、控訴審（第二審）の終局判決に対する法律審（法律問題だけを審理する審級）としての上級審への不服申立をいいます。上告審は、第二審が高等裁判所の場合は最高裁判所となります。この場合の申立人を上告人といい、その相手方を被上告人といいます。最高裁判所への上告は、二審判決に憲法の解釈に誤りがあることその他憲法違反がある場合、判決に理由を付さず、または理由に食違いがある場合、などに限定されていますから、実際には、二審までしかないと考えておくのが無難です。
(3) 抗告とは、「決定」や「命令」の裁判に対する独立の上訴方法をいいま

す。抗告は、すべての決定や命令に対してできるのではなく、不服申立の禁じられているものや抗告以外の不服申立方法のある裁判に対してはできません。この場合の申立人を抗告人または申立人といい、その相手方を相手方といいます。

抗告には、①通常抗告（法律が即時抗告と明示していない場合）と②即時抗告（明文規定のある場合に限り１週間以内にする不服申立）とがあります。通常抗告を提起しても原裁判の執行停止の効力はありませんが、即時抗告は原裁判の執行停止の効力が認められています。通常抗告は、裁判の取消を求める利益のある限り、いつでも提起できますが、即時抗告は、裁判の告知を受けた日から１週間以内に提起する必要があります。

(a)地方裁判所や簡易裁判所の決定や命令で不服申立のできないものと(b)高等裁判所の決定や命令に対しては、その裁判に憲法の解釈の誤りがあることその他憲法違反があることを理由とするときは、最高裁判所へ特別抗告をすることができます（民事訴訟法336条）。また、高等裁判所の決定や命令に最高裁判所の判例違反がある場合などには、高等裁判所が許可したときは、最高裁判所へ抗告（許可抗告）ができます（民事訴訟法337条）。

3　控訴審の手続

控訴審の手続は、次のようになります。

(1)　控訴の提起は、控訴人が第一審の判決書正本の送達を受けた日から２週間以内に第一審裁判所（原裁判所）に「控訴状」を提出します（民事訴訟法285条）。控訴審の訴訟手続は、特別の規定のある場合を除き、第一審の訴訟手続の規定が準用されます（民事訴訟法297条）。

(2)　控訴審手続の仕組みは、控訴審において第一審の口頭弁論の結果の陳述を義務づけることにより（民事訴訟法296条２項）、最初からやり直すのではなく、第一審の審理を基礎として続行することとしています。これを続審制といいます。控訴審の口頭弁論は、当事者が第一審判決の変更を求める限度（控訴人の不服申立の限度）においてのみ、なされます（民事訴訟法296条１項）。

(3)　控訴状に控訴の理由を記載しない場合は、控訴提起後50日以内に控訴理由書を提出します。書き方は決まっていませんから、準備書面と同様にして作成します。

(4)　控訴状は判決書正本が送達された日から２週間以内に第一審裁判所へ提

出します。提出通数は、裁判所用1通と被控訴人の数を提出します。

4　上告審の手続

上告審の手続は、次のようになります。

(1)　上告の提起は、第一審が地方裁判所の場合（訴訟物の価額が140万円を超える訴訟や不動産に関する訴訟）では第二審（控訴審）が高等裁判所となりますから、高等裁判所の終局判決に対して最高裁判所に上告ができます。第一審が簡易裁判所の場合には、第二審（控訴審）が地方裁判所となり、第三審は高等裁判所となります（民事訴訟法311条1項）。

(2)　上告の提起は、原判決（第二審判決）の判決書正本の送達後2週間以内に上告状を原裁判所（第二審の裁判所）に提出します。上告審の手続は、法律に特別の規定のある場合を除き控訴の規定が準用されます（民事訴訟法313条）。上告状に上告理由の記載がない場合には、上告人は、裁判所からの「上告提起通知書」の送達を受けた日から50日以内に「上告理由書」を提出する必要があります（民事訴訟規則194条）。

(3)　上告理由がない場合でも、原判決（第二審判決）に最高裁判所判例の違反その他の法令の解釈に関する重要な事項が含まれている場合には、上告審として事件を受理するように「上告受理申立書」により申立をすることができます（民事訴訟法318条1項）。

(4)　上告の理由には、大別して、①憲法違反（一般的上告理由）と②重大な手続法違反（絶対的上告理由）とがあります（民事訴訟法312条1項・2項）。

(5)　上告の提起と上告受理の申立とを1通の書面ですることができます。この場合の書面には、上告状と上告受理申立書を兼ねるものであることを明らかにする必要があります（民事訴訟規則188条）。

(6)　上告理由書や上告受理申立理由書は、裁判所から上告提起通知書や上告受理申立通知書を受け取った日から50日以内に提出します。

5　抗告の手続

抗告の手続は、次のようになります。

(1)　抗告とは、裁判の種類のうち判決以外の決定や命令に対する不服申立（上訴）方法をいいます。決定とは、口頭弁論を経ない裁判所の裁判をいい、命令とは、口頭弁論を経ない裁判官の裁判をいいます。

(2) 抗告の種類として、①通常抗告（普通抗告）と②即時抗告とがあります。①通常抗告（普通抗告）とは、原裁判の取消を求める利益がある限り、いつでも提起することができる抗告をいいます。②即時抗告とは、裁判の告知を受けた日から1週間以内に提起することが必要な抗告をいいます。抗告は、即時抗告に限り、原裁判の執行停止の効力を有します。抗告には、最高裁判所に対する①特別抗告と②許可抗告の制度があります。①特別抗告とは、高等裁判所の決定や命令に憲法解釈の誤りその他憲法違反があることなどを理由として最高裁判所へ抗告することをいいます。②許可抗告とは、高等裁判所の決定や命令に対し、高等裁判所が許可した場合に限り、最高裁判所に申し立てることができる抗告をいいます。

(3) 抗告の手続は控訴審に準じますから、抗告の提起は「抗告状」を原裁判所に提出します（民事訴訟法331条）。抗告状には原裁判の取消または変更を求める事由（抗告の理由）の具体的な記載が必要ですが、その記載のない場合は、抗告人は、抗告の提起後14日以内にその理由を記載した書面（抗告理由書）を原裁判所に提出する必要があります（民事訴訟規則207条）。

第4章●
欠陥住宅に関連する主な法令の規定は、どうなっているのですか

欠陥住宅に関して民法の規定は、どうなっているのですか

1　民法からみた注文住宅の請負契約

　注文住宅の請負契約について民法では、次のように規定されています。民法の契約の規定は任意規定（当事者の特約により法律の規定を排除できる規定）ですから、当事者の特約によって別の内容を契約することもできます。しかし、民法の特別法（特別の場合を定めた法律）である「住宅の品質確保の促進等に関する法律」の規定は強行規定（当事者の特約を無効とする規定）ですから、民法に優先して適用されます。

> 民法632条（請負契約の意味）
> 　請負は、当事者の一方（請負人）が、ある仕事を完成することを約し、相手方（注文者）が、その仕事の結果に対して、これに報酬を与えることを約することによりてその効力を生ず。

　請負人は仕事（注文住宅の建築）を完成する義務を負います。注文者は完成した仕事に対して報酬を支払う義務を負います。

> 民法634条（請負人の担保責任）
> ①仕事の目的物に瑕疵（欠陥）あるときは、注文者は、請負人に対し、相当の期限を定めてその瑕疵の修補を請求することを得。ただし、瑕疵が重要ならざる場合において、その修補が過分の費用を要するときは、この限りにあらず。
> ②注文者は、瑕疵の修補に代えまたはその修補とともに損害賠償の請求をなすことを得。この場合においては、第533条（同時履行の抗弁権〔注：契約の相手方が履行するまでは、自分の債務を履行しないと主張する権利〕）の規定を準用す。

　仕事の目的物（注文住宅）に瑕疵（欠陥）があるときは、注文者は、①瑕疵

（欠陥）修補請求権、②損害賠償請求権、③契約解除権（第635条で建物を除く）を行使することができます。

> 民法635条（請負人の担保責任）
> 　仕事の目的物に瑕疵ありて、これがために契約をなしたる目的を達することあたわざるときは、注文者は、契約の解除をなすことを得。ただし、建物その他土地の工作物については、この限りにあらず。

注文者の契約解除権は、建物その他土地の工作物（下水排水管敷設など）については制限されていますが、建物を建て替えなければならないほどの重大な瑕疵があるときでも契約解除が認められないのかについての最高裁判例はないものの、学説の多数説では解除が認められるとしています。

> 民法636条（請負人の担保責任）
> 　前２条（634条と635条）の規定は、仕事の目的物の瑕疵が注文者より供したる材料の性質または注文者の与えたる指図によりて生じたるときは、これを適用せず。ただし、請負人が、その材料または指図の不適当なることを知りてこれを告げざりしときは、この限りにあらず。

請負人の担保責任を負わない場合の規定ですが、請負人が知って注文者に告げなかった場合は、担保責任を免れることはできません。

> 民法637条（請負人の担保責任の存続期間）
> ①前３条（634条、635条、636条）に定めたる瑕疵修補または損害賠償の請求および契約の解除は、仕事の目的物を引き渡したる時より１年内にこれをなすことを要す。
> ②仕事の目的物の引渡しを要せざる場合においては、前項の期間は仕事終了の時よりこれを起算す。

建物その他の土地の工作物を除いて、注文者が①瑕疵修補請求権、②損害賠償請求権、③契約解除権を行使することのできる期間は１年とされています。

> 民法638条（請負人の担保責任の存続期間）
> ①土地の工作物の請負人は、その工作物または地盤の瑕疵については、引渡しの後5年間、その担保の責に任ず。ただし、この期間は、石造り、土造り、煉瓦造りまたは金属造りの工作物については、これを10年とす。
> ②工作物が前項の瑕疵により滅失または毀損したるときは、注文者は、その滅失または毀損の時より1年内に、第634条の権利を行使することを要す。

　土地の工作物や地盤の瑕疵については、引渡し後5年、石造り・土造り・煉瓦造り・金属造りの堅固な工作物については10年としています。土地の工作物が瑕疵によって滅失または毀損した場合は、注文者は、滅失または毀損の時から1年内に瑕疵修補請求または損害賠償請求をする必要があります。

> 民法639条（特約による存続期間の伸長）
> 　第637条および前条第1項の期間は、普通の時効期間内に限り、契約をもってこれを伸長することを得。

　請負人の担保責任の存続期間は637条と638条1項で法定されていますが、契約によって瑕疵修補請求権・損害賠償請求権・契約解除権を普通の時効期間10年まで伸長することができます。

> 民法640条（担保責任を負わない特約）
> 　請負人は、第634条および第635条に定めたる担保の責任を負わざる旨を特約したるときといえども、その知りて告げざりし事実については、その責を免るることを得ず。

　担保責任を負わない特約をした場合でも、請負人が知って注文者に告げなかった事実については、請負人は、担保責任を免れることはできません。請負人が知っていて告知しなかった場合を不誠実のゆえに許さないとしたものです。

> 民法641条（注文者の解除権）

Q28——欠陥住宅に関して民法の規定は、どうなっているのですか

> 請負人が仕事を完成せざる間は、注文者は、何時にても、損害を賠償して、契約の解除をなすことを得。

　注文者は、仕事の完成しない間は、いつでも理由がなくても、損害を賠償して請負契約を解除することができます。注文者に必要のないものを完成させることは無意味だからです。

2　民法からみた建売住宅の売買契約

　建売住宅の売買契約について民法では、次のように規定されています。

> 民法555条（売買契約の意味）
> 　売買は、当事者の一方（売主）が、ある財産権を相手方（買主）に移転することを約し、相手方（買主）がこれにその代金を払うことを約するによりてその効力を生ず。

　売買の目的物は、①財産的価値と②譲渡性（他人に譲渡できるもの）を有するものであれば何でもかまいません。土地建物のような不動産や宝石のような動産のほか、債権、特許権のような無体財産権もすべて売買の目的物となります。

> 民法570条（売主の瑕疵担保責任）
> 　売買の目的物に隠れたる瑕疵ありたるときは、第566条の規定を準用す。ただし、強制競売の場合は、この限りにあらず。

　「隠れたる瑕疵」とは、買主が取引上一般に要求される普通の注意をしても発見されないような瑕疵（欠陥）をいいます。例えば、壁の中の構造材の接合の欠陥、地盤の欠陥、コンクリートの材質の欠陥などの物質的な欠陥をいいます。民法566条が準用されますから、買主には、①契約解除権と②損害賠償請求権とが認められますが、契約解除権は、隠れた瑕疵があるため契約の目的を達することができない場合にのみ認められます。契約解除権も損害賠償請求権も、買主が瑕疵の存在を知った時から１年内に行使する必要があります。

> 民法566条（制限物権がある場合の売主の担保責任）
> ①売買の目的物が、地上権、永小作権、地役権、留置権または質権の目的たる場合において、買主がこれを知らざりしときは、これがために契約をなしたる目的を達することあたわざる場合に限り、買主は、契約の解除をなすことを得。その他の場合においては、損害賠償の請求のみをなすことを得。
> ②＜省略＞、
> ③前２項の場合において、契約の解除または損害賠償の請求は、買主が事実を知りたる時より１年内にこれをなすことを要す。

例えば、土地と建物の売主は、その土地が他人の地上権や地役権の目的となっていて買主が使用できない場合に担保責任を負います。例えば、公道から住宅までの通路にあるはずの通行地役権が存在しなかった場合は、買主は住宅を使用できないことになるからです。

3　債務不履行の場合

債務不履行（契約不履行）について民法では、次のように規定されています。

> 民法415条（債務不履行による損害賠償）
> 債務者が、その債務の本旨に従いたる履行をなさざるときは、債権者は、その損害の賠償を請求することを得。債務者の責に帰すべき事由によりて、履行をなすことあたわざるに至りたるとき、また同じ。

債務とは、特定の人（債権者）に対して一定の行為をすることを内容とする義務をいいます。債務を負う人を債務者といいます。債務者が正当な理由もないのに債務を履行しないことを債務不履行（契約不履行）といいます。「債務の本旨」とは、債務の本来の趣旨ないし目的をいいます。請負人（建築業者）が請負契約の通りの建築をしない場合は債務不履行となりますが、民法634条で請負人の担保責任の特則を規定しているので、学説では、一般に債務不履行の一般理論は適用されないと解しています。しかし、判例では、請負人（建築業者）の債務不履行責任を認めたものもあります。

> 民法416条（損害賠償の範囲）
> ①損害賠償の請求は、債務の不履行によりて通常生ずべき損害の賠償をなさしむるをもって、その目的とす。
> ②特別の事情によりて生じたる損害といえども、当事者がその事情を予見しまたは予見することを得べかりしときは、債権者は、その賠償を請求することを得。

損害賠償の範囲は、①通常生ずべき損害（債務不履行と相当因果関係にある損害）とし②特別の事情（原因）から生じた損害については、当事者がその事情を予見しまたは予見することができた場合に限り相当因果関係の判断の基礎とされます。注文住宅・建売住宅ともＱ８に述べた通りになります。

> 民法541条（履行遅滞による解除権）
> 当事者の一方がその債務を履行せざるときは、相手方は、相当の期間を定めてその履行を催告し、もし、その期間内に履行なきときは、契約の解除をなすことを得。

契約解除権が発生しても、契約を解除しない限り本来の債務は消滅しないので、債権者は本来の債務の履行を請求できます。

> 民法545条（解除権の行使の効果）
> ①当事者の一方がその解除権を行使したるときは、各当事者は、その相手方を原状に復せしむる義務を負う。ただし、第三者の権利を害することを得ず。
> ②前項の場合において、返還すべき金銭には、その受領の時より利息を附することを要す。
> ③解除権の行使は、損害賠償の請求を妨げず。

契約の解除の効果として、①契約の遡及的失効、②原状回復義務、③解除と第三者との権利の関係、④解除と損害賠償請求の関係を規定しています。注文住宅については、Ｑ５、建売住宅についてはＱ６に述べたとおりになります。

4　不法行為の場合

不法行為について民法では、次のように規定されています。

> 民法709条（不法行為の要件）
> 　故意または過失によりて、他人の権利を侵害したる者は、これによりて生じたる損害を賠償する責に任ず。

一般の不法行為の成立要件としては、①損害が故意または過失によって発生したこと、②加害行為が違法であること、③加害者に責任能力があること、④加害行為と損害の発生との間に因果関係があること、が必要とされます。債務不履行は契約関係のある場合ですが、不法行為は契約関係のない場合です。

> 民法715条（使用者責任）
> ①ある事業のために他人を使用する者は、被用者がその事業の執行につき第三者に加えたる損害を賠償する責に任ず。ただし、使用者が被用者の選任および監督につき相当の注意をなしたるときまたは相当の注意をなすも損害が生ずべかりしときは、この限りにあらず。
> ②使用者に代わりて事業を監督する者もまた前項の責に任ず。
> ③前２項の規定は、使用者または監督者より被用者に対する求償権の行使を妨げず。

建築会社の従業員の不法行為については会社が損害賠償責任を負います。支店長などの代理監督者も使用者責任を負います。使用者または代理監督者が損害賠償をした場合には被用者（従業員）に対して求償（償還を求めること）することができます。

> 民法719条（共同不法行為）
> ①数人が共同の不法行為によりて他人に損害を加えたるときは、各自連帯してその賠償の責に任ず。共同行為者中のいずれがその損害を加えたるかを知ることあたわざるとき、また同じ。
> ②教唆者および幇助者は、これを共同行為者とみなす。

共同不法行為には、①各人がいずれも不法行為の要件を満たしている場合の共同不法行為、②加害者が不明の共同不法行為、③教唆者（そそのかした者）や幇助者（助けた者）のいる共同不法行為の３つの態様があります。いずれの場合も、全員が連帯責任を負いますから、各自が被害者のこうむった全損害について賠償義務を負います。この場合の各人の債務は、その一人が全損害を賠償すれば他の債務者の債務も消滅する関係（不真正連帯債務関係）となります。たとえば、Ｑ23の訴訟で被告とされている者の不法行為が認められた場合は、各自連帯して損害賠償の責任を負うことになります。

> **民法724条（不法行為による損害賠償請求権の消滅時効）**
> 　不法行為による損害賠償の請求権は、被害者またはその法定代理人が、損害および加害者を知りたる時より３年間これを行わざるときは、時効によりて消滅す。不法行為の時より20年を経過したるとき、また同じ。

　債務不履行の場合の消滅時効（期間の経過により権利を消滅させる制度）は10年とされていますが、不法行為の場合の消滅時効は、損害と加害者を知った時から３年間、損害や加害者を知らない場合は不法行為の時から20年で権利が消滅します。

Q29 住宅の品質確保の促進等に関する法律は、どうなっているのですか

1 住宅の新築工事の請負人の瑕疵担保責任の特例

住宅の新築工事の請負人の瑕疵担保責任の特例について、「住宅の品質確保の促進等に関する法律」（品確法）87条では、次のように規定されています。

> 品確法第87条（住宅の新築工事の請負人の瑕疵担保責任の特例）
> ①住宅を新築する建設工事の請負契約においては、請負人は、注文者に引き渡した時から10年間、住宅のうち構造耐力上主要な部分または雨水の浸入を防止する部分として政令で定めるもの（次条において「住宅の構造耐力上主要な部分等」という）の瑕疵（構造耐力または雨水の浸入に影響のないものを除く。次条において同じ）について、民法第634条第1項および第2項前段に規定する担保の責任を負う。
> ②前項の規定に反する特約で注文者に不利なものは、無効とする。
> ③第1項の場合における民法第638条第2項の規定の適用については、同項中「前項」とあるのは、「住宅の品質確保の促進等に関する法律第87条第1項」とする。

平成12年4月1日以降に契約された新築住宅については、「住宅の品質確保の促進等に関する法律」87条によって、請負人の瑕疵担保責任の存続期間を「住宅のうち構造耐力上主要な部分または雨水の浸入を防止する部分」に限り10年間とし、これに反する注文者に不利な特約は無効とされます。民法634条1項・2項前段、638条2項は、本章のQ28の1を参照してください。

> 品確法施行令第6条（品確法第87条第1項の政令で定める部分）
> ①法第87条第1項の住宅のうち構造耐力上主要な部分として政令で定めるものは、住宅の基礎、基礎ぐい、壁、柱、小屋根、土台、斜材（筋かい、方づえ、火打材その他これらに類するものをいう）、床版、屋根版または横架材（はり、けたその他これらに類するものをいう）で、当

> 該住宅の自重もしくは積載荷重、積雪、風圧、土圧もしくは水圧または地震その他の震動もしくは衝撃を支えるものとする。
> ②法第87条第1項の住宅のうち雨水の浸入を防止する部分として政令で定めるものは次に掲げるものとする。
>   一　住宅の屋根もしくは外壁またはこれらの開口部に設ける戸、わくその他の建具
>   二　雨水を排除するため住宅に設ける排水管のうち、当該住宅の屋根もしくは外壁の内部または屋内にある部分

2　新築住宅の売主の瑕疵担保責任の特例

新築住宅の売主の瑕疵担保責任の特例について、「住宅の品質確保の促進等に関する法律」（品確法）88条では、次のように規定されています。

> 品確法第88条（新築住宅の売主の瑕疵担保責任の特例）
> ①新築住宅の売買契約においては、売主は、買主に引き渡した時（当該新築住宅が住宅新築請負契約に基づき請負人から当該売主に引き渡されたものである場合にあっては、その引渡しの時）から10年間、住宅の構造耐力上主要な部分等の隠れた瑕疵について、民法第570条において準用する同法第566条第1項ならびに同法第634条第1項および第2項前段に規定する担保の責任を負う。この場合において、同条第1項および第2項前段中「注文者」とあるのは「買主」と、同条第1項中「請負人」とあるのは「売主」とする。
> ②前条の規定に反する特約で買主に不利なものは、無効とする。
> ③第1項の場合における民法第566条第3項の規定の適用については、同項中「前2項」とあるのは「住宅の品質確保の促進等に関する法律第88条第1項」と、「または」とあるのは「、瑕疵修補または」とする。

平成12年4月1日以降に契約された新築住宅については、「住宅の品質確保の促進等に関する法律」88条によって、売主の瑕疵担保責任の存続期間を「住宅のうち構造耐力上主要な部分または雨水の浸入を防止する部分」に限り10年間とし、これに反する注文者に不利な特約は無効とされます。民法570条・566

条、634条1項・2項前段の規定は、本章のQ28の1と2を参照してください。「住宅の構造耐力上主要な部分等」とは、上の1に述べた住宅の品質確保の促進等に関する法律施行令6条の通りです。民法566条3項では、買主に①契約解除権と②損害賠償請求権しか認めていませんが、品確法88条3項では、①②のほか、③瑕疵修補請求権も認めたのです。

3　新築住宅の瑕疵担保責任の伸長の特例

新築住宅の瑕疵担保責任の伸長の特例について、「住宅の品質確保の促進等に関する法律」(品確法) 90条では、次のように規定されています。

> 品確法第90条（新築住宅の瑕疵担保責任の期間の伸長の特例）
> 　　住宅新築請負契約または新築住宅の売買契約においては、請負人が第87条第1項に規定する瑕疵その他の住宅の瑕疵について同項に規定する担保の責任を負うべき期間または売主が第88条第1項に規定する瑕疵その他の住宅の隠れた瑕疵について同項に規定する担保の責任を負うべき期間は、注文者または買主に引き渡した時から20年以内とすることができる。

住宅新築請負契約または新築住宅の売買契約では、特約で、10年の瑕疵担保責任の期間を20年まで伸長することができます。

Q30 欠陥住宅に関して建築基準法関係法令の規定は、どうなっているのですか

1 欠陥住宅に関係する建築基準法

　建築基準法の主な規定には、次の規定があります。各規定は長文ですから、ここでは条文の趣旨を述べることにします。各規定の全文を見るには『基本建築関係法令集』（法令編）（霞ケ関出版社から毎年発行）が便利です。

(1)　第1条（目的）では、建築基準法は建築物の敷地、構造、設備、用途に関する最低の基準を定めて、国民の生命、健康、財産の保護を図り、もって公共の福祉の増進に資することを目的とするとしています。

(2)　第2条（用語の定義）では、建築基準法に使用する用語を定義しています。

(3)　第6条（建築確認申請等）では、建築物を建築しようとする場合は建築主事（都道府県や人口25万人以上の市に置かれる公務員）に確認の申請書を提出して法令に適合する旨の確認を受ける必要がありますが、その建築確認申請の手続を規定しています。

(4)　第6条の2（国土交通大臣等の指定を受けた者による確認）では、特例として国土交通大臣または都道府県知事が指定した者（民間人）の建築確認を受ける制度を規定しています。

(5)　第7条（建築物に関する完了検査）では、建築主は工事が完了したときは建築主事の検査（完了検査）を申請しなければならないと規定しています。

(6)　第7条の2（国土交通大臣等の指定を受けた者による完了検査）では、特例として国土交通大臣または都道府県知事が指定した者（民間人）の完了検査の制度を規定しています。

(7)　第7条の3（建築物に関する中間検査）では、一定の建築物では工事の途中で建築主事や国土交通大臣または都道府県知事が指定した者（民間人）の中間検査を受けなければならない旨が規定されています。

(8)　第20条（構造耐力）では、建築物は、自重、積載荷重、積雪、風圧、土圧、水圧、地震その他の振動や衝撃に対して安全な構造のものとして建築基準法施行令で定める技術的基準などに適合するものでなければならないとし

ています。

2 欠陥住宅に関係する建築基準法施行令

　建築基準法施行令の主な規定には、次の規定があります。各規定は長文ですから、ここでは条文の趣旨を述べることにします。各規定の全文を見るには『基本建築関係法令集』（法令編）（霞ケ関出版社から毎年発行）が便利です。ただ、建築基準法施行令を読みこなすには、相当の建築学の知識が必要です。不明の個所は一級建築士に尋ねます。

(1)　第１条（用語の定義）では、建築基準法施行令の用語を定義しています。

(2)　第40条（適用範囲）では、木造の建築物などに適用する建築基準法施行令の範囲を決めています。

(3)　第41条（木材）では、使用する木材の品質について規定しています。

(4)　第42条（土台と基礎）では、土台や基礎の設置の方法について規定しています。

(5)　第43条（柱の小径〔注：直径または短辺のこと〕）では、構造耐力上必要な部分である柱について規定しています。

(6)　第44条（はり等の横架材）では、はり（梁）、けた（桁）などの水平材について規定しています。

(7)　第45条（筋かい）では、筋かい（柱の軸組に斜めにいれる部材）の材木などについて規定しています。

(8)　第46条（構造耐力上必要な軸組等）では、構造耐力上主要な部分である壁、柱、横架材（水平材）の軸組について規定しています。

(9)　第47条（構造耐力上主要な部分である継手等）では、構造耐力上主要な部分である継手（木材を継ぎ足す接合部）や仕口（二つの木をある角度に接合した接合部）について規定しています。

(10)　第49条（外壁内部の防腐措置等）では、木造の外壁の防腐措置について規定しています。

(11)　第81条（構造計算）では、建築基準法第20条第２号に規定する建築物については建築基準法施行令に定める構造計算をする必要がある旨を規定しています。

(12)　第82条（許容応力度等計算）では、許容応力度（注：柱などの構造材の形状による部材の耐えられる力の度合）等計算の方法を規定しています。

Q30——欠陥住宅に関して建築基準法関係法令の規定は、どうなっているのですか

⒀　第82条の2（層間変形角）では、一定の建築物についての層間変形角が規定されています。層間変形角とは、地震力によって各階に生ずる水平方向の層間変位（各階の移動）の当該各階の高さに対する割合をいいます。

⒁　第82条の3（剛性率、偏心率）では、一定の建築物についての剛性率（剛さの比率）、偏心率（剛さの偏りの比率）を規定しています。地震に対する安全性を示すものです。

⒂　第82条の5（屋根ふき材等の構造計算）では、屋根ふき材、外装材などについての構造計算を行う必要がある旨を規定しています。

Q31 欠陥住宅に関して建築基準法令による主な告示は、どうなっているのですか

　欠陥住宅に関する建築基準法関係法令に基づく告示は多数ありますが、ここでは木造住宅に関する主な告示の趣旨だけを述べることとします。告示の内容を読みこなすには、かなりの建築学の知識が必要ですから、一般には一級建築士に相談することが必要になります。各告示の全文を見るには『基本建築関係法令集』（告示編）（霞ケ関出版社から毎年発行）が便利です。

　1　昭和56年6月1日建設省告示第1100号「建築基準法施行令第46条第4項表1(1)項から(7)項までに掲げる軸組と同等以上の耐力を有する軸組および当該軸組に係る倍率の数値」（最終改正・平成12年12月26日建設省告示第2465号）
　この告示には、建築基準法施行令第46条第4項表1(1)項から(7)項までに掲げる軸組と同等以上の耐力を有する軸組について、①材料、②くぎ打ちの方法（くぎの種類とくぎの間隔）、③倍率を規定しています。

　2　平成12年5月31日建設省告示第1460号「木造の継手及び仕口の構造方法を定める件」
　この告示には、建築基準法施行令第47条第1項の規定に基づき木造の継手と仕口の構造方法を定めています。しかし、建築基準法施行令第82条第1号から第3号までに定める構造計算によって構造耐力上安全であることが確かめられた場合においては、この規定が適用されません。

　3　平成12年5月23日建設省告示第1347号「建築物の基礎の構造方法及び構造計算の基準を定める件」
　この告示には、建築基準法施行令第38条第3項および第4項の規定に基づき、建築物の基礎の構造方法および構造計算の基準が定められています。

　4　昭和62年11月10日建設省省告示第1899号「木造若しくは鉄骨造の建築物又は建築物の構造部分の構造耐力上安全であることを確かめるための構造計算

の基準」（最終改正・平成12年12月26日建設省告示第2465号）

　この告示には、建築基準法施行令第46条第2項第1号ハおよび第3項、第48条第1項第2号ただし書ならびに第69条の規定に基づき、木造もしくは鉄骨造の建築物または建築物の構造部分が構造耐力上安全であることを確かめるための構造計算の基準を定めています。

　5　平成12年5月31日建設省告示第1446号「建築物の基礎、主要構造部等に使用する建築材料並びにこれらの建築材料が適合すべき日本工業規格又は日本農林規格及び品質に関する技術的基準を定める件」（最終改正・平成15年10月24日国土交通省告示第1411号）

　この告示には、建築基準法施行令第37条の規定に基づき、建築物の基礎、主要構造部等に使用する建築材料ならびにこれらの建築材料が適合すべき日本工業規格または日本農林規格および品質に関する技術的基準を定めています。

　6　平成13年10月15日国土交通省告示第1540号「枠組壁工法（ツーバイフォー工法のこと）又は木質プレハブ工法を用いた建築物又は建築物の構造部分の構造方法に関する安全上必要な技術的基準を定める件」

　この告示は、建築基準法施行令第80条の2第1号、同令第94条および第99条の規定に基づき制定されたもので、昭和57年1月18日建設省告示第56号を全部改正したものです。

　7　平成13年10月15日国土交通省告示第1541号「構造耐力上主要な部分である壁及び床版に、枠組壁工法により設けられるものを用いる場合における技術的基準に適合する当該壁及び床版の構造方法を定める件」

　この告示には、建築基準法施行規則第8条の3の規定に基づき、構造耐力上主要な部分である壁および床版に、枠組壁工法により設けられるものを用いる場合における技術的基準に適合する壁や床版の構造方法を定めています。

Q32 欠陥住宅に関して建築士法の規定は、どうなっているのですか

1　建築士の業務執行

　建築士法は、建築士の業務執行について次のように規定しています。建築士がこの規定に違反した場合は、建築士と契約関係のある場合は債務不履行（契約不履行）責任を、契約関係にない場合は不法行為責任を負うことになります。

> 建築士法第18条（業務執行）
> ①建築士は、その業務を誠実に行い、建築物の質の向上に努めなければならない。
> ②建築士は、設計を行う場合においては、これを法令又は条例の定める建築物に関する基準に適合するようにしなければならない。
> ③建築士は、設計を行う場合においては、設計の委託者に対し、設計の内容に関して適切な説明を行うように努めなければならない。
> ④建築士は、工事監理を行う場合において、工事が設計図書のとおりに実施されていないと認めるときは、直ちに、工事施工者に注意を与え、工事施工者がこれに従わないときは、その旨を建築主に報告しなければならない。

2　建築士の業務範囲

　建築士法は、建築士の業務範囲について次のように規定しています。

> 建築士法第21条（その他の業務）
> 　建築士は、設計及び工事監理を行うほか、建築工事契約に関する事務、建築工事の指導監督、建築物に関する調査又は鑑定及び建築に関する法令又は条例に基づく手続の代理等の業務（木造建築士にあっては、木造の建築物に関する業務に限る）を行うことができる。

　この場合の「工事監理」とは、その者の責任において、工事を設計図書と照

合し、それが設計図書のとおりに実施されているかいないかを確認することをいいます（建築士法第2条第6号）。

Q33 欠陥住宅に関して建設業法の規定は、どうなっているのですか

1 施行技術の確保
建設業法は、施工技術の確保について次のように規定しています。

> 建設業法第25条の25（施工技術の確保）
> ①建設業者は、施工技術の確保に努めなければならない。
> ②国土交通大臣は、前項の施工技術の確保に資するため、必要に応じ、講習の実施、資料の提供その他の措置を講ずるものとする。

2 主任技術者などの職務
建設業法は、主任技術者（施行の技術上の管理をする者）と監理技術者（資格を有する者で、施工の技術上の監理をする者）の職務について、次のように規定しています。

> 建設業法第26条の3（主任技術者及び監理技術者の職務等）
> ①主任技術者及び監理技術者は、工事現場における建設工事を適正に実施するため、当該建設工事の施工計画の作成、工程管理、品質管理その他の技術上の管理及び当該建設工事の施工に従事する者の技術上の指導監督の職務を誠実に行わなければならない。
> ②工事現場における建設工事の施工に従事する者は、主任技術者又は監理技術者がその職務として行う指導に従わなければならない。

3 丸投げの禁止
建設業法は、一括下請負の禁止について、次のように規定しています。

> 建設業法第22条（一括下請負の禁止）
> ①建設業者は、その請け負った建設工事を、如何なる方法をもってするを問わず、一括して他人に請け負わせてはならない。

②建設業を営む者は、建設業者から当該建設業者の請け負った建設工事を一括して請け負ってはならない。
③前2項の規定は、元請負人があらかじめ発注者の書面による承諾を得た場合には、適用しない。発注者が承諾した場合は一括下請負も可能。

Q34 欠陥住宅に関して製造物責任法の規定は、どうなっているのですか

1　製造物責任と欠陥住宅

　製造物責任法に規定する「製造物」とは、「製造又は加工された動産」をいいますから、住宅のような不動産は含まれませんが、住宅の材料（部材、部品その他）は動産ですから、その材料に欠陥がある場合は、製造物責任法の規定によって損害賠償請求をすることができます。①製造物、②欠陥、③製造業者等の意味について、次のように定義をしています。

> 製造物責任法第2条（定義）
> ①この法律において「製造物」とは、製造又は加工された動産をいう。
> ②この法律において「欠陥」とは、当該製造物の特性、その通常予見される使用形態、その製造業者等が当該製造物を引き渡した時期その他の当該製造物に係る事情を考慮して、当該製造物が通常有すべき安全性を欠いていることをいう。
> ③この法律において「製造業者等」とは、次のいずれかに該当する者をいう。
> 　一　当該製造物を業として製造、加工又は輸入した者（以下単に「製造業者」という）
> 　二　自ら当該製造物の製造業者として当該製造物にその氏名、商号、商標その他の表示（以下「氏名等の表示」という）をした者又は当該製造物にその製造業者と誤認（注：間違ってそれと認めること）させるような氏名等の表示をした者
> 　三　前号に掲げる者のほか、当該製造物の製造、加工、輸入又は販売に係る形態その他の事情からみて、当該製造物にその実質的な製造業者と認めることができる氏名等の表示をした者（注：自ら製造、加工、輸入を行なっていない場合でも、実質的に製造業者等であると認められる表示をした者で、例えば、「発売元○○」「販売者○○」のような肩書で表示した者をいいます）

2　製造物責任とは？

製造業者等は、次のような製造物責任を負います。

> 製造物責任法第3条（製造物責任）
> 　製造業者等は、その製造、加工、輸入又は前条第3項第2号若しくは第3号の氏名等の表示をした製造物であって、その引き渡したものの欠陥により他人の生命、身体又は財産を侵害したときは、これによって生じた損害を賠償する責めに任ずる。ただし、その損害が当該製造物についてのみ生じたときは、この限りでない（注：有害な塗装材料や危険をおよぼす恐れのある床材〔タイルなど〕が使用された場合など）。

3　損害賠償請求権の期間の制限

損害賠償請求権の期間の制限について、次のように規定しています。

> 製造物責任法第5条（期間の制限）
> ①第3条に規定する損害賠償の請求権は、被害者又はその法定代理人が損害及び賠償義務者を知った時から3年間行わないときは時効によって消滅する。その製造業者等が当該製造物を引き渡した時から10年を経過したときも、同様とする。
> ②前項後段の期間は、身体に蓄積した場合に人の健康を害することとなる物質による損害又は一定の潜伏期間が経過した後に症状が現れる損害については、その損害が生じた時から起算する。

　製造物責任法上の不法行為について損害賠償請求権を行使するには、①製造物に欠陥があること、②その欠陥が製造業者等の故意または過失によるものであること、③欠陥が原因となって損害が発生したことを被害者（請求者）が立証（証明）する必要があります。ただ、この立証は非常に困難です（注：身体に危険を及ぼす部材〔タオル、新建材など〕や塗装材料が使用された場合など）。

付　録

付録1　勾配屋根の断面図

168　付録

付録2 陸屋根の断面図（マンション）

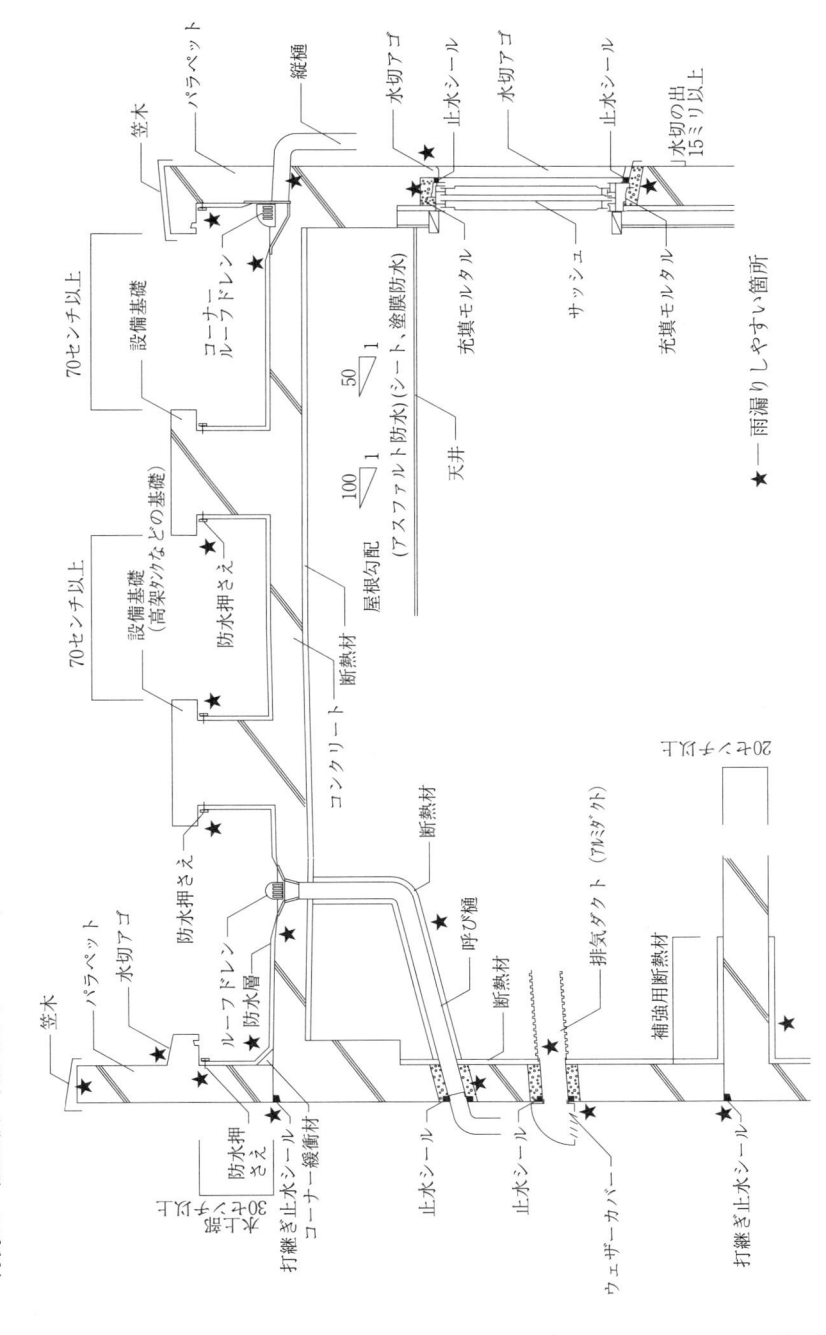

★ ─ 雨漏りしやすい箇所

169

付録3　止水シール（シーリング材）

最近の住宅はシーリング材で雨水を防いでいるものが多い。不良部も多く発生するのでまず点検し適切な材料や工法を選定する必要がある。

シーリング材の故障状況

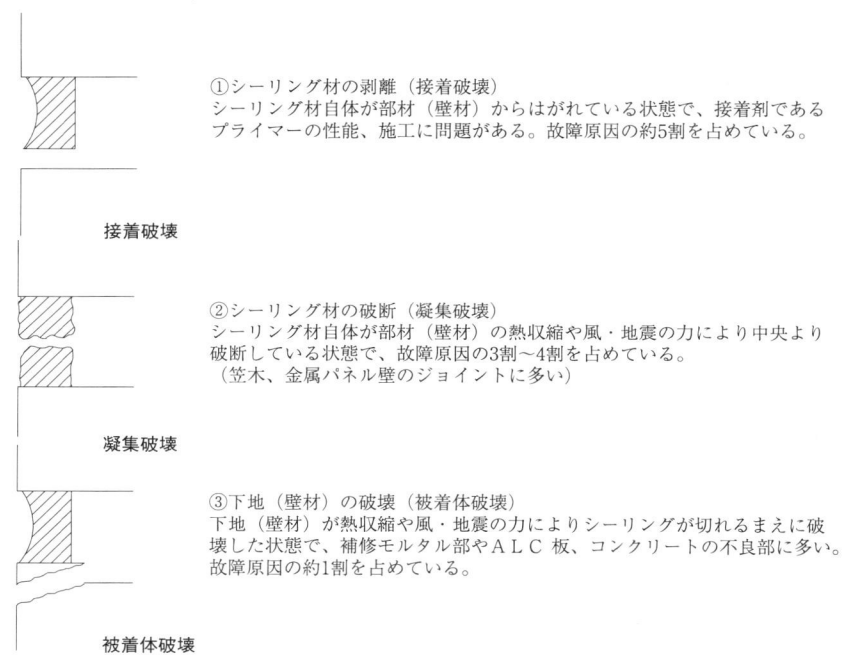

①シーリング材の剥離（接着破壊）
シーリング材自体が部材（壁材）からはがれている状態で、接着剤であるプライマーの性能、施工に問題がある。故障原因の約5割を占めている。

接着破壊

②シーリング材の破断（凝集破壊）
シーリング材自体が部材（壁材）の熱収縮や風・地震の力により中央より破断している状態で、故障原因の3割〜4割を占めている。
（笠木、金属パネル壁のジョイントに多い）

凝集破壊

③下地（壁材）の破壊（被着体破壊）
下地（壁材）が熱収縮や風・地震の力によりシーリングが切れるまえに破壊した状態で、補修モルタル部やＡＬＣ板、コンクリートの不良部に多い。故障原因の約1割を占めている。

被着体破壊

原因の推定

　　接着破壊　　①施工不良

　　凝集破壊　　②材料選定、目地設計のミスによる故障

　　被着体破壊　③施工不良、材料選定のミスによる故障

★熱収縮などによる動きの大きい目地は三面接着にならないように目地底（奥）にバックアップ材、ボンドブレーカーを入れるようにする。

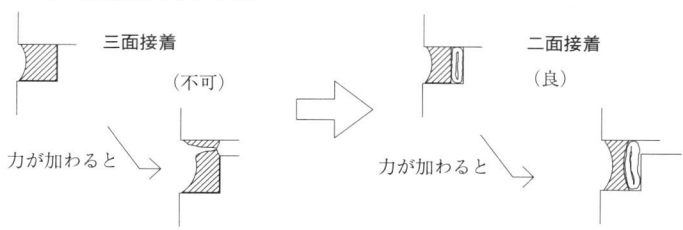

三面接着（不可）　→　二面接着（良）
力が加わると　　　　力が加わると

シーリング材の選定

壁　材　（下地材）	シーリングの種類
金属パネル目地　　笠木　　金物目地	2成分形シリコーン系
サイディング目地　サッシュ目地　コンクリートパネル目地	2成分形変性シリコーン系
鉄筋コンクリート目地 （表面仕上げなし）　　石目地　　タイル目地	2成分形ポリサルファド系
鉄筋コンクリート目地 （表面仕上げあり）　　鉄筋コンクリートサッシ目地	2成分形変性シリコーン系 2成分形ポリウレタン系
ＡＬＣ板の目地	2成分形アクリルウレタン系

付録4　クラック（ひび割れ）の測定スケール

塗装やタイルを貼ってないコンクリート壁の場合の許容幅は0.2ミリ以下
（外気に接している場合）

塗装やタイルを貼っているコンクリート壁の場合の許容幅は0.3ミリ以下
（外気に接していない場合）

CRACK SCALE

（mm）

0.11	1.10
0.15	1.15
0.20	1.20
0.25	1.25
0.30	1.30
0.35	1.35
0.40	1.40
0.45	1.45
0.50	1.50
0.55	1.55
0.60	1.60
0.65	1.65
0.70	1.70
0.75	1.75
0.80	1.80
0.85	1.85
0.90	1.90
0.95	1.95
1.00	2.00
1.05	

［著者略歴］

矢野　輝雄（やの　てるお）
　1960年、NHK（日本放送協会）入局。番組編成、番組制作、著作権、工業所有権のライセンス契約などを担当。元NHKマネージング・ディレクター。元NHK文化センター講師。現在、矢野行政書士社会保険労務士事務所長
　主な著書：『絶対に訴えてやる！』『行政監視・本人訴訟マニュアル』『＜逮捕・起訴＞対策ガイド』（以上、緑風出版）、『わかりやすい特許ライセンス契約の実務』『そこが知りたい！知的財産権』（以上、オーム社）『市民オンブズ活動ハンドブック』（東方出版）、『あなたのための法律相談＜相続・遺言＞』『あなたのための法律相談＜離婚＞』（以上、新水社）、『市民オンブズ活動と議員のための行政法』（公人の友社）、『家裁利用術』（リベルタ出版）ほか
　［連絡先］矢野事務所　欠陥住宅問題研究会事務局　電話087-834-3808　FAX087-835-1405

宮武　正基（みやたけ　まさき）
　1978年、大成建設株式会社建築部入社。工事監理を担当。1989年、宮武建築設計事務所開設。一級建築士、一級建築施工監理技士、宮武建築設計事務所長、欠陥住宅調査センター代表
　［連絡先］宮武建築設計事務所　欠陥住宅調査センター　電話087-833-0180　FAX087-863-7838

欠陥住宅被害・対応マニュアル

2004年9月30日　初版第1刷発行　　　　　　　　定価1900円＋税

著　者　　矢野輝雄・宮武正基 ©
発行者　　高須次郎
発行所　　緑風出版
　　　　　〒113-0033　東京都文京区本郷2-17-5　ツイン壱岐坂
　　　　　〔電話〕03-3812-9420〔FAX〕03-3812-7262
　　　　　〔E-mail〕info@ryokufu.com
　　　　　〔URL〕http://www.ryokufu.com
　　　　　〔郵便振替〕00100-9-30776

装　幀　　堀内朝彦
写　植　　R企画　　　　　印　刷　　モリモト印刷・巣鴨美術印刷
製　本　　トキワ製本所　　用　紙　　大宝紙業　　　　　　　　　E2,000

〈検印・廃止〉落丁・乱丁はお取り替えいたします。
本書の無断複写（コピー）は著作権法上の例外を除き禁じられています。なお、複写など著作物の利用などのお問い合わせは日本出版著作権協会（03-3812-9424）までお願いいたします。
ISBN4-8461-0414-1　C0052　　　　　　　　　　©Teruo Yano, 2004 Printed in Japan

JPCA 日本出版著作権協会
http://www.e-jpca.com/

＊本書は日本出版著作権協会（JPCA）が委託管理する著作物です。
　本書の無断複写などは著作権法上での例外を除き禁じられています。複写（コピー）・複製、その他著作物の利用については事前に日本出版著作権協会（電話03-3812-9424, e-mail:info@e-jpca.com）の許諾を得てください。

◎緑風出版の本

「逮捕・起訴」対策ガイド
市民のための刑事手続法入門

矢野輝雄 著
A5判並製 二〇八頁 2000円

万一、あなたや家族が犯人扱いされたり、犯人となってしまった場合、どうすればよいのか？ 本書はそういう人たちのために、逮捕から起訴、そして裁判から万一の服役まで刑事手続法の一切を、あなたの立場に立って易しく解説。

行政監視 本人訴訟マニュアル

矢野輝雄 著
A5判並製 1800円 二六四頁

カラ出張、カラ接待といったあの手この手の公金不正支出から贈収賄と、役人の不正は止まるところを知らない。こうした輩をやっつけるために、市民がひとりでもできる行政監視の方法やカネのかからない訴訟の方法を解説。

絶対に訴えてやる！
訴えるための知識とノウハウ

矢野輝雄 著
A5判並製 1900円 一八八頁

「絶対に訴えてやる！」と思った時、一人で裁判にもちこむことも可能だ。本書は、民事訴訟、家事事件や告訴、告発まで必要な理論と書式、手続をわかりやすく解説すると共に、マニュアルとしてそのまま利用可能。手許に置くべき1冊だ。

逮捕・拘禁セキュリティ プロブレムQ&A
[被疑者・被告人・受刑者たちの人権]

佐藤友之 著
A5判変並製 一八〇頁 1500円

不幸にして「犯人」とされた時、まず私たちに何ができ、何をしなければいけないのか？ 職務質問・家宅捜索の対応法、取り調べでの心構えや弁護士選任から、法廷や留置場・拘置所の知識まで、人権擁護のノウハウを満載。

監獄法改悪

監獄法研究会編著
四六判上製 三四九頁 2400円

監獄法を改悪しようとする国家の目論見はなにか。十数年にわたる救援運動の実績をもとに弁護士、医師、活動家が協力し新監獄法＝刑事施設法案を全角度から全面的に批判。同法案、同法修正案、留置施設法案も全文収録。

※全国のどの書店でもご購入いただけます。
※店頭にない場合は、なるべく書店を通じてご注文ください。
※表示価格には消費税が転嫁されます。